第4版

初任者・職場管理者のための

労働基準法の本

労務行政研究所 編

労務行政

第４版 はじめに

働き方改革や働く人の健康管理等に向けて、労働時間の削減や休日・休暇の取得等に関するさまざまな策が企業内外で講じられています。しかしながら、メンタルヘルス不全など労働者の健康面の問題や、ハラスメントなど職場における問題・課題も生じています。

こうした中で労働者間･労使間のトラブルにつながらないためにも、また、労働者の健康管理のためにも、使用者・労働者双方で、労働基準法をはじめとする労働関連法規を押さえ、雇用のルールを守ることが、安心して働くことのできる職場づくりを進めるうえでますます重要になっています。

本書は、初心者が簡単に理解でき、職場管理者が実務においても参考となる、労働基準法と関係法令の内容を広く押さえることのできる１冊です。2018年発行の第３版に対し、その後の法令改正などを踏まえて改訂を行っています。

第１章から第８章までの解説では、左ページに法令面での基本事項を、右ページには図表を使って実務上必要な関連事項についてわかりやすく整理し、まとめています。各章末には、「プラス知識」として関連のミニ情報を掲載しています。

「実務に役立つＱ＆Ａ40」では、前段の基本的な解説を補う設問として、実務上よく起こり得るテーマ40本を、要点をしぼって解説しています。

人事労務分野に携わる初任者や職場の管理者が労働基準法の内容や周辺事項を押さえるために、あるいは研修等におけるテキストとして、本書をご活用いただければ幸いです。

2021年１月

労務行政研究所

※本書は、2020年12月末日現在の法令に基づき解説しています。

第４版
初任者・職場管理者のための
労働基準法の本

Contents

第１章　労働基準法に関する基本ルール

第２章　労働契約・労働条件に関する基本ルール

第3章 就業規則に関する基本ルール

第4章 さまざまな労働時間の基本ルール

第５章 休日・休暇に関する基本ルール

第６章 賃金のとらえ方と基本ルール

第7章 退職・解雇の手続きと基本ルール

第8章 その他の雇用スタイルと基本ルール

実務に役立つQ&A 40

第1章

労働基準法に関する基本ルール

Contents

1 労基法の基礎知識

労働基準法、労働組合法、労働関係調整法のいわゆる「労働三法」の一つである労働基準法（労基法）は、賃金や労働条件など使用者が最低限守るべきものを定める「労働法」の柱です。ただし、柱といっても、「労働法＝労基法」ではありません。

「労基法」だけが労働法ではない

産業社会の発展とともに制定当初と比べて労働者を保護すべき範囲が広がったことから、労基法の第５章にある「安全及び衛生」については、労働安全衛生法（安衛法）に譲ることとしています。

また、賃金に関しては「賃金の支払の確保等に関する法律」や「最低賃金法」などの法律で定めているように、さまざまな法令が、労働法の柱である労基法を支えています。

これら関連する法令も頭に入れて就業規則や規定の作成・整備を図らなければ、真の労働環境や職場環境をつくることはできないでしょう。

「労基法」のよみ方

労基法は右ページのとおり14の章から成り立ち、さらにその細目を政令や省令、告示などで定めています。

たとえば、労働条件の明示事項について、労基法15条では「使用者は、労働契約の締結に際し、…賃金及び労働時間に関する事項その他の厚生労働省令で定める事項については、厚生労働省令で定める方法により明示しなければならない」とするのみで、詳しくは「厚生労働省令」に当たる労基法施行規則５条に示してあります。

法の理解のためには、判例や行政解釈（通達）も意識しつつ、ていねいに条文を追うことが大切です。

労基法の概要

●**第１章　総則**

労基法の目的やその適用範囲、用語の定義などについて

●**第２章　労働契約**

労働契約の締結や解除についての労働保護上必要な事項

●**第３章　賃金**

賃金の支払いに関する原則や休業手当などについて

●**第４章　労働時間、休憩、休日及び年次有給休暇**

法定労働時間や休憩、休日、年次有給休暇に加え割増賃金の支払いなどについて

●**第５章　安全及び衛生**

労働者の安全と衛生について（詳細は、安衛法で定めている）

●**第６章　年少者**

18歳未満の年少者が働くに当たっての深夜業その他の保護規定などについて

●**第６章の２　妊産婦等**

妊産婦の労働時間の制限など女性が働くための保護規定などについて

●**第７章　技能者の養成**

技能習得者の保護などに関する規定について

●**第８章　災害補償**

療養補償や障害補償など、業務上の負傷・疾病に対する補償などについて

●**第９章　就業規則**

就業規則の作成、変更、届け出などについて

●**第10章　寄宿舎**

寄宿労働者に対する私生活の自由の保障や安全衛生などについて

●**第11章　監督機関**

監督機関の組織や権限などについて

●**第12章　雑則**

就業規則などの周知義務や労働者名簿・賃金台帳の作成保存などについて

●**第13章　罰則**

労基法に違反した場合の罰則規定や両罰規定などについて

2 労基法の適用範囲

ほとんどの事業が適用事業

労基法別表第１に業種の区分が掲げられていますが、これはあくまでも「適用上の区分」であり、原則、業として継続的に行われ、１人でも労働者を使用している事業であれば、すべて労基法が適用されることになっています。

日本の法令は日本国内にある事業のみに適用され（属地主義）、国外にある日本の商社、銀行などの支店、出張所などのように事業としての実態を国外に備えているものには、労基法は適用されません。しかしながら、たとえば日本国内の土木建築事業者が国外で作業を行う場合、一切の工事が日本の業者の責任で行われるものであって、国外での作業場が独立した事業の実態がないと認められる場合には、その国外での作業も含めて労基法の適用があるとされます。

日本国内にある外国人の経営する会社や外国人労働者にも、日本人と変わりなく、原則として、労基法の適用があります。

適用除外とされるもの

その一方で、①船員法１条１項に規定する船員（一部規定を除きます）、②同居の親族のみを使用する事業、③家事使用人には、労基法が適用されないこととなっています。

船員については、その労働の特殊性から船員法において各種規定がなされています。

同居の親族には、住まいや生計を同じくしている、民法でいう「親族」が当てはまります。たとえば個人商店のように、形式上労働者として働いている場合でも、一般には事業主と同じ利益や地位にあると考えられる人です。ただし、ほかの労働者と同様な働き方をしており、同様な賃金が支払われ、労働時間の管理などが行われている場合には、労基法上の労働者となります。

家事使用人とは、家事一般に使用される労働者をいいます。家政婦（夫）などが当てはまりますが、家政婦紹介所などに雇われてその指揮命令の下に家事を行うものは、「家事使用人」ではなく「労働者」となります。

労基法の適用と運用

個々の**事業**に対して労基法を適用する場合

→名称、経営主体に関係なく適用

事業とは…

業として継続的に行われているものであり、工場、事務所、店舗など、一つの独立の事業を単位とするのが原則

同一の場所にあるものは、原則、分割することなく1個の事業とする

➡工場内の診療所や食堂のように、同じ場所にあっても著しく業務が異なるものは、その部門を1個の独立の事業とする

➡新聞社の通信部のように、場所が分散しているものであっても規模が小さく1個の事業として独立性のないものは、本社などと一括して一つの事業として扱う

●一つの事業の作業場が二つ以上の労働基準監督署の管轄区域にまたがる場合の手続きは?

➡それぞれの管轄区域にある作業場のみに関する事項については、それぞれの労働基準監督署に

➡それぞれの作業場に共通の事項は、各労働基準監督署に対して共通のものを提出

●同じ労働基準監督署内に複数の事業場がある場合の手続きは?

➡組織上、上位の使用者が取りまとめて行うことができる

労基法の適用除外

船員(一部規定を除く)	同居の親族	家事使用人
船長、海員、予備船員	家族経営の小売店で働く親族など	家政婦(夫)、お手伝いさん (紹介業者などで雇われている人は除く)

3 労働者とは

労基法において労働者とは、「職業の種類を問わず、事業又は事務所に使用される者で、賃金を支払われる者をいう」（9条）と規定されています。

したがって、明確な労働契約がない場合でも、事業に「使用」され、その対償として「賃金」の支払いを受ける人は労働者であるといえるでしょう。

労働者とは「事業又は事務所に使用される者」

そもそも、「事業又は事務所」とは何かということになりますが、これは、社会通念上、業として行っていると認められるものすべてが当てはまります。

ただし、基本的に、事業に「使用される者」であること（一般に使用従属性）が必要なことから、「働いているもの＝労働者」という図式は、そのまま労基法上でも成り立つわけではありません。

●請負

自らの業務として注文主から個別に請け負うものである限り、請負契約による下請負人は、たとえ本人が労務に従事することがあっても、労基法にいう労働者とはなりません。しかし、形式上は請負のようなかたちであっても、実態として使用従属関係が認められるときは、この関係は労働関係であり、労基法にいう「労働者」ということになります。

●委任

「委任」といいながらも、委任をした人とされた人の間に使用従属関係があり、労働関係とみられるものがあれば、その委任された人は「労働者」となります。たとえば、生命保険の外務員であっても実質上労働関係が認められるときには、労基法の適用があります。

●法人などの役員

法人や団体の代表者のように使用従属の関係に立たない人は、「労働者」には当てはまりません。ただし、部長などの肩書があっても、業務の執行権を持たず、賃金を受けているような単なる職制上のみの管理職者は、「労働者」に該当します。

「労働者」に当たるか否か

指揮監督の下の労働であるか否か  使用従属性  労働に対して報酬を受けているか否か

●共同経営の事業

・共同経営の事業の出資者であっても、会社との間に使用従属関係があり賃金を受けて働いている場合には、労働者に当たる

●法人の執行機関

・会社の代表者や執行機関のように、事業の主体として使用従属関係にないものは労働者ではない

●職員を兼ねる重役

・会社の重役であっても業務執行権や代表権を持たないものが、工場長や部長として賃金を受けている場合には、労働者に当たる

●インターンシップに参加する学生

・インターンシップでの実習が、単に見学や体験的なものであるならば、労働者に該当しない
・インターンシップといえども、ほかの一般の労働者と変わらずに働いている（使用従属関係がある）場合には、労働者に当たる

●労働組合専従職員

・会社に在籍のまま労働の義務を免除され労働組合の事務に専従している人も、その会社とは労働関係がある
・会社との使用従属関係がなく、労働組合とのみ労働関係がある場合は、そもそも労働組合は労基法にいう「事業」とは認められないので、賃金を支払われて雇われている人を除き、労働者とはいえない

労働者に当たるもの

（例）・新聞配達員
・電力会社の検針員

労働者に当たらないもの

（例）・非常勤の消防団員
・専門学校の実習生

4 使用者とは

社長だけが「使用者」ではない

使用者というと、社長や代表者などの事業主をイメージしますが、労基法にいう「使用者」は、事業主のほかに、「事業の経営担当者」「その事業の労働者に関する事項について、事業主のために行為をするすべての者」も含まれています。

「労働者に関する事項」とは、労働条件の決定や労務管理を行うこと、業務の命令や具体的な指揮監督を行うことなどのすべてが含まれますので、これらについて「事業主のために行為をする者」であれば、すべて使用者に該当することとなります。

したがって、取締役や部長などの地位の高い人から現場監督や主任など比較的地位の低い人まで、その権限と責任に応じて判断されるものであって、いわゆる職位のみで使用者となるかどうかが結論付けられるものではありません。18ページにいう「労働者」が、「使用者」であることもあるのです。

複数の使用者がいる出向・派遣

出向には、**在籍型出向**と**移籍型出向（転籍）**があります（126ページ参照）。そのうちの移籍型出向（転籍）は、出向先とのみ労働契約関係があるために、労基法の適用も出向先についてのみあるということは問題ないと思います。

在籍型出向の労働者については、出向元および出向先の双方と労働契約関係がありますので、それぞれこの契約関係の範囲で労基法が適用されます。すなわち、出向元・出向先・出向労働者の三者間で決められた権限と責任に応じて、出向元または出向先の使用者が労基法上の使用者責任を負うことになります。

労基法は本来、労働者と労働契約関係にある事業に適用されますので、労働契約関係がない派遣先は責任を負う必要がないことになりそうです。しかしながら、派遣労働者については、派遣先が業務に関する指揮命令を行う特殊な労働関係にありますので、派遣法では、労基法などの適用について必要な特例措置が設けられています（132ページ参照）。

使用者と労働者の関係

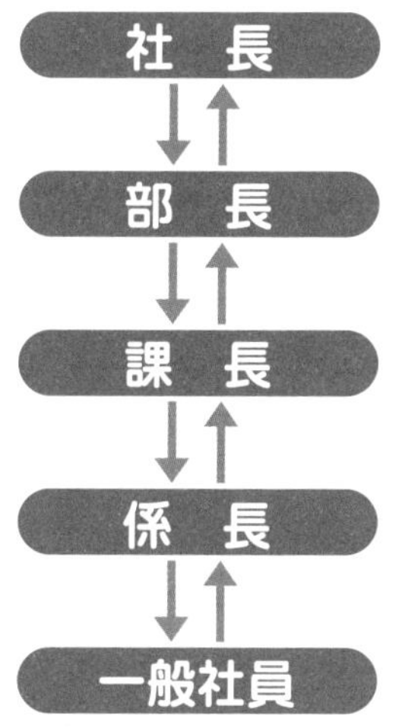

- 部長、課長などの形式にとらわれず、実質的に権限があるかどうかによって判断される
- 左のような場合であっても、係長には一定の権限しか与えられておらず、課長からの命令を単に伝えるだけにすぎないような場合には、ここでいう「使用者」には当てはまらない

出向の形態

●在籍型出向

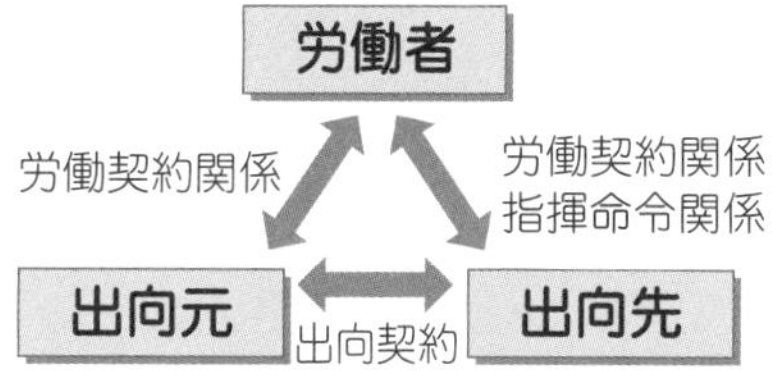

●移籍型出向（転籍）

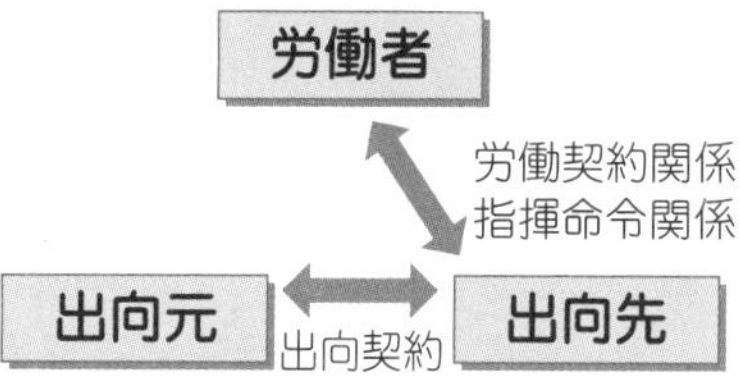

労働者派遣の形態

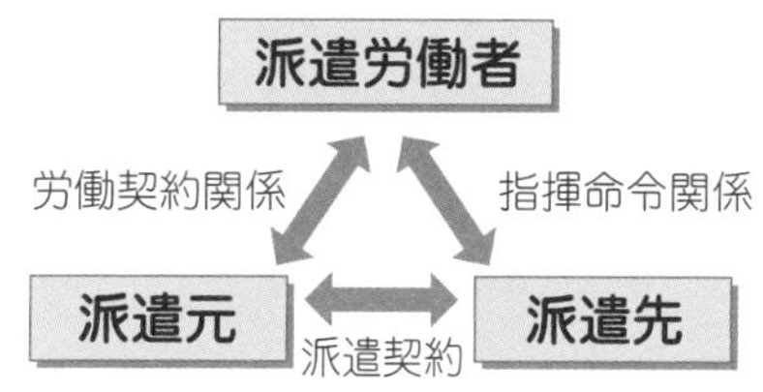

5 労働組合とは

労働組合は労働者が主体の活動体

労働組合とは、労働者が団結して賃金や労働時間などの労働条件の改善を図るために組織する団体をいいます。そのため、役員や人事・労務部長などの監督的地位にある人は、使用者の利益を代表するので労働組合に参加することはできません。

労働組合の運営に使用者が干渉すること、労働者の代表との団体交渉を使用者が正当な理由なく拒否することは認められません。また、労働組合に加入したことや争議行為を行ったことを理由に、使用者が不利益な取り扱いをすること（これらを一般に**不当労働行為**といいます）も禁じられています。

●同盟罷業（ストライキ）

自己の主張を貫徹するために労働者によってなされる一時的な作業の停止のことをいいます。ただし、ストライキやその他の争議行為を行うための正当な行為に対しては、刑事上の免責があります。

●怠業

組合員が一致して、労働力を質的・量的に不完全な状態で提供することをいいます。単に能率低下であれば違法性はないですが、意識的な設備の破壊のようなものまで刑事上の免責を受けるものではありません。

●ショップ制

組合員でなければ雇用契約を結ばないとするものが「クローズド・ショップ」で、組合員資格の有無が従業員資格に影響されないものを「オープン・ショップ」といいます。

使用者が労働者を雇う際には組合員の有無を問わないものの、いったん雇い入れたら、一定期間内に組合員とならない人や労働組合から除名された人は解雇されるとしたものが「ユニオン・ショップ」です。

●黄犬契約

労働組合に加入しないことや労働組合から脱退することを条件に労働者を雇い入れる契約をいい、不当労働行為として禁止されています。

労働組合とは

労働組合

労働者が主体となって自主的に労働条件の維持・改善や経済的地位の向上を目的として組織する団体

ただし…

❶使用者の利益代表者の参加を許すもの（役員、人事・労務部の部・課長などの参加を許すもの）

❷使用者から経理上の援助を受けるもの（組合専従職員の給料、ストライキ中の賃金補償などを受けるもの）

❸共済事業その他福利事業のみを目的とするもの

❹主として政治運動または社会運動を目的とするもの

のいずれにも該当しないこと

不当労働行為に当たるもの

不当労働行為に当たるので不可	
労働組合員であることなどにより不利益な取り扱いをすること 労働組合の組合員である、労働組合員としてストライキをしたなどの理由から解雇したり転勤させたりすることは不可	**正当な理由なく団体交渉を拒否すること** 団体交渉の席に着くことを拒否したり、権限のない人を担当者として団体交渉に出席させたりすることは不可
労働組合の結成・運営に対し干渉すること、経理上の援助をすること 労働組合の行事に対し干渉または妨害したりすることや、労働組合の運営に経費の援助をすることは不可	**労働者の労働委員会への申し立てに対し、解雇など不利益な取り扱いをすること** サービス残業の実態について労働委員会へ申し立てたことなどに対し、解雇や減給の措置をとることは不可

6 労基法と罰則

労基法の罰則

労基法で定める労働条件の基準は最低限度のものであり、これに違反するようなことがあってはなりません。労基法に違反した場合には、懲役刑あるいは罰金刑が科されます。

両罰規定

労基法は、ほぼすべての条文において、使用者をこの法律上の義務者とし、違反のあった場合の責任者としています。

ところで、労基法では行為者を罰することとなっていますが、実際にはその行為に事業主が直接かかわっていることは少なく、前線に立っている人が会社のために行っているのが現実です。とはいえ、事業主が罰せられないということは不合理ですので、両罰規定を定めることで最終的に利益の属する事業主にも責任を負わせることとしています。

ただし、事業主が労働者に対して、違反のないように具体的な指示を与えてその防止に努めていた場合にまで、その違反行為に対する責任を事業主に求めるものではありません。

付加金の支払い

労基法では、右ページのような罰則によるもののほか、①使用者が解雇予告手当を支払わないとき、②休業手当を支払わないとき、③割増賃金を支払わないとき、④年次有給休暇の賃金を支払わないときには、「付加金制度」によって、労働者保護がされています。これは、労働者が請求することによって、これら使用者が支払わなければならない金額についての未払金のほかに、これと同一額をさらに支払うよう裁判所が命じることができるものです。

なお、この付加金の請求は、違反のあったときから５年（当分の間は３年）以内にしなければ、時効となってしまいます。

労基法の罰則

●1年以上10年以下の懲役または20万円以上300万円以下の罰金

強制労働の禁止

●1年以下の懲役または50万円以下の罰金

中間搾取の排除、最低年齢、坑内労働の禁止　など

●6カ月以下の懲役または30万円以下の罰金

均等待遇（差別的取り扱いの禁止）、男女同一賃金の原則、賠償予定の禁止、解雇制限、解雇の予告、法定労働時間を超える時間外労働、休憩、休日の付与、割増賃金の支払い、年次有給休暇の付与　など

●30万円以下の罰金

契約期間、労働条件の明示、退職時の証明、賃金支払いの原則、出来高払制の保障、変形労働時間制に関する協定の届け出、みなし労働時間制・裁量労働時間制に関する協定の届け出、就業規則の作成および届け出の義務、制裁規定の制限、法令等の周知義務、労働者名簿、賃金台帳、記録の保存　など

両罰規定

- ●行為者（労働者）の違反行為が会社（事業主）のためにしたものであれば、事業主も罰せられる
- ●事業主が違反の計画を知り、その防止や是正に必要な措置もとらず、あるいは違反をそそのかした場合は、事業主も「行為者」として罰せられる

プラス知識 ❶

●労働契約法の概要

第１章　総則

- ▶労使対等の原則・均衡考慮の原則・仕事と生活の調和への配慮の原則・信義誠実の原則・権利濫用の禁止の原則
- ▶労働契約内容の理解の促進
- ▶労働者の安全への配慮　　など

第２章　労働契約の成立及び変更

- ▶労働契約の成立
- ▶労働契約の内容と就業規則の関係
- ▶労働契約の内容の変更　　など

第３章　労働契約の継続及び終了

- ▶権利濫用に該当する出向命令の効力
- ▶権利濫用に該当するものとして無効となる懲戒の効力
- ▶権利濫用に該当する解雇の効力　　など

第４章　期間の定めのある労働契約

- ▶契約期間中の解雇等
- ▶無期転換・有期労働契約の更新等　　など

第５章　雑則

労働基準法	労働契約法
罰則をもって担保する労働条件の最低基準を設定しているもの	労使間トラブルを未然に防ぐため、労働契約に関する民事的なルールを明らかにしているもの

第2章

労働契約・労働条件に関する基本ルール

Contents

1 採用

採用選考

採用選考は、応募者の基本的人権を尊重すること、応募者の適性・能力のみを基準として行うことの２点を基本的な考え方として実施することが大切です。応募者が、求人職種の職務遂行において必要な適性・能力を持っているかどうかという基準で採用選考を行い、応募者の適性や能力に関係のない事柄について応募用紙に記入させたり、面接で質問したりしないようにしなければなりません。

採用の内定

採用内定は書面で行うべきですが、どの時点で労働契約が締結されたものとなるかは、その個々の事情、採用通知の文言、従来の取り扱い方などによって異なります。たとえば、雇用契約締結の日を明示して採用が通知された場合には、その日に労働契約が有効に成立しているものと考えられますが、出社について特段の指示がないような採用通知の場合には、単なる労働契約の予約と考えられます。

採用・内定の取り消しや内定の辞退があったときにこの違いを判断する必要がありますので、採用内定についても就業規則などで明確に規定しておくことが必要です。

内定者の身分・立場は不安定

内定を受けた時点で労働契約が成立しているとみなされない限り、内定者は労基法上の「労働者」といえず、休業手当や解雇規定が適用されないため、身分・立場は不安定なものとなっています。したがって、内定者である学生が学校を卒業することができなかった、重大な経歴詐称があったなどの理由がない限り、採用・内定を取り消すことは難しいと考えるべきです。

一方、採用内定者から辞退を申し出てくる場合がありますが、これについては信義則上の問題はあるものの、結局は企業として辞退を受け入れざるを得ないでしょう。

採用選考時に配慮すべき事項

次の①～⑪の事項を、エントリーシート・応募用紙に記載させる、面接時において尋ねる、作文の題材とするなどによって把握することや、⑫～⑭を実施することは、就職差別につながるおそれがある

●本人に責任のない事項の把握

①「本籍・出生地」に関すること
②「家族」に関すること（職業・続柄・健康・病歴・地位・学歴・収入・資産など）
③「住宅状況」に関すること（間取り・部屋数・住宅の種類・近隣の施設など）
④「生活環境・家庭環境など」に関すること

●本来自由であるべき事項(思想・信条にかかわること)の把握

⑤「宗教」に関すること
⑥「支持政党」に関すること
⑦「人生観・生活信条など」に関すること
⑧「尊敬する人物」に関すること
⑨「思想」に関すること
⑩「労働組合（加入状況や活動歴など）」「学生運動などの社会運動」に関すること
⑪「購読新聞・雑誌・愛読書など」に関すること

●採用選考の方法

⑫「身元調査など」の実施
⑬「全国高等学校統一応募用紙・JIS 規格の履歴書（様式例）に基づかない事項を含んだ応募書類（社用紙）」の使用
⑭「合理的・客観的に必要性が認められない採用選考時の健康診断」の実施

（注 1）「戸籍謄（抄）本」や本籍が記載された「住民票（写し）」を提出させることは、①の事項の把握に該当することになる。
（注 2）「現住所の略図等」を提出させることは、③④などの事項を把握したり、⑫の「身元調査」につながる可能性がある。
（注 3）⑭は、採用選考時において合理的・客観的に必要性が認められない「健康診断書」を提出させることを意味する。

資料出所：「公正な採用選考をめざして（令和2年度版）」（厚生労働省）

2 試用期間

長すぎてはいけない試用期間

労基法では、特に試用「期間」についての規定はありませんが、試用期間を設ける場合には、その長さや労働条件について明確に定めをしておく必要があります。

一般に、１カ月から６カ月とするものが多いようですが、１年を超えるような期間を定めることは、労働者保護の面からも避けるべきでしょう。

この試用期間中の賃金は、いわば「仮免許期間」ゆえに本採用後の賃金よりも低く設定しているような場合には、試用期間中の労働条件をあらかじめ明示しておくとともに、最低賃金額より低い賃金とならないように気をつけなければなりません。

なお、年次有給休暇の算定期間については、試用期間も含めて勤務期間を算定します。

試用期間中の解雇

試用期間とは、業務に対する労働者の適性を判断するための期間であり、本採用に適しないと判断された場合は解雇することができます。

労基法21条では、試用期間中の労働者に対する解雇予告は不要であると定めていますが、この場合でも、労働者が14日を超えて引き続き使用されることとなったときには解雇予告が必要です。たとえその労働者に適性が認められなかった場合でも同様です。

試用期間の延長など

試用期間中に労働者が病気で休んでいたことが多かった場合や、労働者の適性・能力を判断するためにもう少し様子をみたい場合などには、試用期間を延長することも可能です。

この試用期間の延長についても、あらかじめ就業規則等に規定しておくことが必要です。

試用期間中でも「労働者」

●試用期間中の労働者

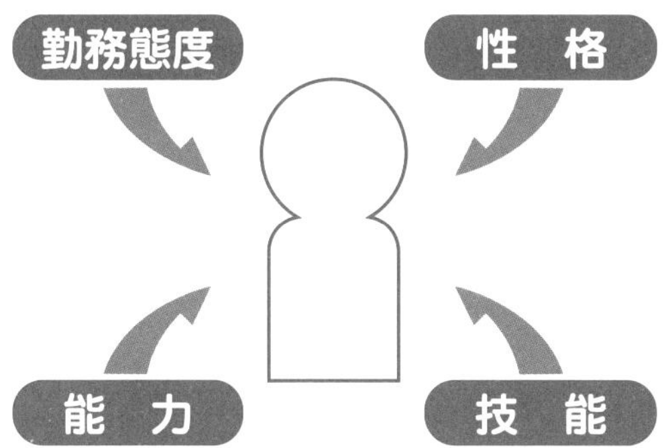

試用期間中といえども労働者には変わりがないので、就業規則等において下記の事項を明確に定めていることが必要

労働時間	年次有給休暇
所定労働時間など、正規社員と同じ条件で働くもの 変形労働時間制や時間外労働については適用の対象からはずすよう、協定書や就業規則などに定めておくべき	権利の発生は雇い入れから6カ月経過後なので、与えなくてもよい 試用期間が6カ月を超えるようなものであれば年次有給休暇を与えなければならないが、そもそも長期にわたる試用期間を設けることは、労働者保護の面からも避けるべき
解雇	**福利厚生その他の労働条件**
本採用決定前の試験的なものなので、労働者の能力や技能などが本採用に適しないと判断されたときは、試用期間中であっても解雇できる 14日を超えて引き続き働いている場合の解雇には、解雇予告が必要（115ページ参照）	正規社員と基本的には同じ条件 一般的に正規社員よりも賃金を低く設定する傾向にあるが、あくまでも勤務態度や能力などを見極めるための試みの期間であるので、安い労働力を利用するような働かせ方をしてはならない

3 労働条件の明示

労働条件の明示

明示すべき労働条件とは、

①労働契約の期間

②期間の定めのある労働契約を更新する場合の基準

③就業の場所、従事すべき業務

④始業・終業時刻、時間外労働の有無、休憩時間、休日、休暇、就業時転換

⑤賃金（⑦⑧を除きます）の決定、計算および支払いの方法、賃金の締め切りおよび支払いの時期ならびに昇給

⑥退職（解雇の事由を含みます）

に関することのほか、⑦退職手当、⑧臨時に支払われる賃金、賞与など、⑨食費、作業用品などの労働者負担、⑩安全衛生、⑪職業訓練、⑫災害補償、業務外の傷病扶助、⑬表彰、制裁、⑭休職に関することがあげられます。

これらのうち、①〜⑥（②については、契約期間満了後にこの契約を更新する場合があるとき）は必ず定めなければならない事項（**絶対的必要記載事項**）であり、書面で明示しなければなりません（⑤のうち昇給については除きます）。一方、⑦〜⑭は、その制度がないならば必ずしも規定しなくてもよい事項（**相対的必要記載事項**）です。しかし、該当する制度がある場合には、書面によって明示することが望ましいでしょう。

労働条件の明示は、労働契約を締結する際に行います。かつては書面の交付に限られていましたが、今では労働者が希望した場合、FAXや電子メール、SNS等でも明示できるようになっています。

明示された労働条件が事実と異なる場合

明示された労働条件が事実と異なる場合には、労働者は労働契約を即時に解除することができます。これが原因で14日以内に労働者が帰郷する場合には、使用者はそのために必要な旅費を負担しなければなりません。

必ず定めなければならない事項とは

●期間の定めのある労働契約を更新する場合の基準

・「契約更新の判断基準」としては、「契約期間満了時の業務量により判断する」「労働者の勤務成績、態度により判断する」「労働者の能力により判断する」「会社の経営状況により判断する」「従事している業務の進捗状況により判断する」等を明示することが考えられる

●就業の場所、従事すべき業務に関する事項

・雇い入れ直後の就業の場所、従事すべき業務

➡将来の就業場所や従事させる業務をあわせ網羅的に明示することも可能

●始業・終業時刻、時間外労働の有無、休憩時間、休日、休暇、就業時転換に関する事項

・労働者に適用される労働時間等に関する具体的な条件を明示

➡明示すべき事項の内容が膨大なものとなるときには、時間外労働の有無以外の事項については、勤務の種類ごとの始業・終業時刻や休日等に関する考え方を示したうえで、適用される就業規則上の関係条項名を網羅的に示すことで足りる

●賃金（退職金・賞与等を除く）の決定、計算・支払いの方法、賃金の締め切り、支払いの時期、昇給に関する事項

・「賃金」については、基本給等について具体的な額を明記すること

➡就業規則に規定されている賃金等級等により賃金額を確定し得る場合は、当該等級等を明確に示すことで足りる

●退職に関する事項

・退職の事由・手続き、解雇の事由等

➡明示すべき事項の内容が膨大なものとなるとき、適用される就業規則上の関係条項名を網羅的に示すことで足りる

例：退職に関する事項は、就業規則第○条による。

労働条件通知書（厚生労働省モデル様式）

（一般労働者用；常用、有期雇用型）

労働条件通知書

年　　月　　日

＿＿＿＿＿＿＿＿＿＿＿＿殿

事業場名称・所在地
使 用 者 職 氏 名

契約期間	期間の定めなし、期間の定めあり（　　年　　月　　日～　　年　　月　　日） ※以下は、「契約期間」について「期間の定めあり」とした場合に記入 1　契約の更新の有無 ［自動的に更新する・更新する場合があり得る・契約の更新はしない・その他（　　　）］ 2　契約の更新は次により判断する。 ・契約期間満了時の業務量　　・勤務成績、態度　　・能力 ・会社の経営状況　・従事している業務の進捗状況 ・その他（　　　　　　　　　　　　　　） 【有期雇用特別措置法による特例の対象者の場合】 無期転換申込権が発生しない期間：　I（高度専門）・II（定年後の高齢者） I　特定有期業務の開始から完了までの期間（　　　年　　か月（上限10年）） II　定年後引き続いて雇用されている期間
就業の場所	
従事すべき業務の内容	【有期雇用特別措置法による特例の対象者（高度専門）の場合】 ・特定有期業務（　　　　　　　　開始日：　　　　完了日：　　　　）
始業、終業の時刻、休憩時間、就業時転換（(1)～(5)のうち該当するもの一つに○を付けること。）、所定時間外労働の有無に関する事項	1　始業・終業の時刻等 (1) 始業（　　時　　分）終業（　　時　　分） 【以下のような制度が労働者に適用される場合】 (2) 変形労働時間制等；（　　　）単位の変形労働時間制・交替制として、次の勤務時間の組み合わせによる。 ─始業（　　時　　分）終業（　　時　　分）（適用日　　　　） ─始業（　　時　　分）終業（　　時　　分）（適用日　　　　） ─始業（　　時　　分）終業（　　時　　分）（適用日　　　　） (3) フレックスタイム制；始業及び終業の時刻は労働者の決定に委ねる。 （ただし、フレキシブルタイム（始業）　時　　分から　　時　　分、 （終業）　時　　分から　　時　　分、 コアタイム　　　時　　分から　　時　　分） (4) 事業場外みなし労働時間制；始業（　　時　　分）終業（　　時　　分） (5) 裁量労働制；始業（　　時　　分）終業（　　時　　分）を基本とし、労働者の決定に委ねる。 ○詳細は、就業規則第　条～第　条、第　条～第　条、第　条～第　条 2　休憩時間（　　　）分 3　所定時間外労働の有無（　有　，　無　）
休　　日	・定例日；毎週　　曜日、国民の祝日、その他（　　　　　　　　） ・非定例日；週・月当たり　　　日、その他（　　　　　　　） ・1年単位の変形労働時間制の場合―年間　　　日 ○詳細は、就業規則第　条～第　条、第　条～第　条
休　　暇	1　年次有給休暇　6か月継続勤務した場合→　　　日 継続勤務6か月以内の年次有給休暇（有・無） →　　か月経過で　　　日 時間単位年休（有・無） 2　代替休暇（有・無） 3　その他の休暇　有給（　　　　　　　　） 無給（　　　　　　　　） ○詳細は、就業規則第　条～第　条、第　条～第　条

（次頁に続く）

賃　金	1　基本賃金　イ　月給（　　　　円）、ロ　日給（　　　　円） ハ　時間給（　　　　円）、 ニ　出来高給（基本単価　　　　円、保障給　　　　円） ホ　その他（　　　　円） ヘ　就業規則に規定されている賃金等級等 2　諸手当の額又は計算方法 イ（　　　　手当　　　　円　／計算方法：　　　　） ロ（　　　　手当　　　　円　／計算方法：　　　　） ハ（　　　　手当　　　　円　／計算方法：　　　　） ニ（　　　　手当　　　　円　／計算方法：　　　　） 3　所定時間外、休日又は深夜労働に対して支払われる割増賃金率 イ　所定時間外、法定超　月60時間以内　（　　）% 月60時間超　（　　）% 所定超　（　　）% ロ　休日　法定休日（　　）%、法定外休日（　　）% ハ　深夜（　　）% 4　賃金締切日（　　）－毎月　日、（　　）－毎月　日 5　賃金支払日（　　）－毎月　日、（　　）－毎月　日 6　賃金の支払方法（　　　　） 7　労使協定に基づく賃金支払時の控除（無　，有（　　　　）） 8　昇給（時期等　　　　） 9　賞与（　有（時期、金額等　　　　），　無　） 10　退職金（　有（時期、金額等　　　　），　無　）
退職に関する事項	1　定年制（　有　（　　歳），　無　） 2　継続雇用制度（　有　（　　歳まで），　無　） 3　自己都合退職の手続（退職する　　日以上前に届け出ること） 4　解雇の事由及び手続 （　　　　） ○詳細は、就業規則第　条～第　条、第　条～第　条
そ　の　他	・社会保険の加入状況（　厚生年金　健康保険　厚生年金基金　その他（　　　）） ・雇用保険の適用（　有　，　無　） ・その他（　　　　） ※以下は、「契約期間」について「期間の定めあり」とした場合についての説明です。 労働契約法第18条の規定により、有期労働契約（平成25年4月1日以降に開始するもの）の契約期間が通算５年を超える場合には、労働契約の期間の末日までに労働者から申込みをすることにより、当該労働契約の期間の末日の翌日から期間の定めのない労働契約に転換されます。ただし、有期雇用特別措置法による特例の対象となる場合は、この「５年」という期間は、本通知書の「契約期間」欄に明示したとおりとなります。

※以上のほかは、当社就業規則による。

※労働条件通知書については、労使間の紛争の未然防止のため、保存しておくことをお勧めします。

4 労働契約の種類・期間

労働契約の種類

労働契約は、①期間の定めのないものを除き、②一定の事業の完了に必要な期間を定めるもののほかは、原則３年を超える期間について締結してはならないとされています。一般的な労働契約は、ここにいう**期間の定めのないもの**に該当するでしょう。

一定の事業の完了に必要な期間を定めるものとは、たとえばビルの建設のように、４年間で完了する土木工事に４年の契約で雇い入れるものをいいます。このように、有期事業であることが明確であれば、３年を超える期間を定めた労働契約を結んでも法違反とはなりません。

３年を超える契約期間が認められるもの

上記のような有期事業のほかにも、３年を超える契約期間が認められているものがあります。それは、①高度な専門的知識等を有する労働者との間に締結される労働契約、②満60歳以上の労働者との間に締結される労働契約です。

①②のいずれかに該当する者については、最長５年までの期間、労働契約を結ぶことができます。

有期労働契約に関する紛争の防止策

期間の定めのある労働契約（**有期労働契約**）については、雇止め（112ページ参照）などの問題がたびたび生じていました。そこで、このようなトラブルの防止や解決を図るために「有期労働契約の締結、更新及び雇止めに関する基準」（雇止め基準）が定められました。

具体的には、①有期労働契約を更新しない場合には、少なくとも契約期間満了日の30日前までに雇止めの予告をすること、②労働者が雇止めの理由について証明書を求めた場合には遅滞なく交付すること、などが盛り込まれています。

有期労働契約をめぐるトラブル防止のために（雇止め基準）

契約締結時の明示事項等

①使用者は、有期契約労働者に対して、契約の締結時にその契約の更新の有無を明示しなければならない

②使用者が、有期労働契約を更新する場合があると明示したときは、労働者に対して、契約を更新する場合またはしない場合の判断の基準を明示しなければならない

「判断の基準」の例：契約期間満了時の業務量により判断する／労働者の勤務成績、態度により判断する／労働者の能力により判断する／会社の経営状況により判断する／従事している業務の進捗状況により判断する　等

③使用者は、有期労働契約の締結後に①または②について変更する場合には、労働者に対して、速やかにその内容を明示しなければならない

雇止めの予告

使用者は、次の①～③の有期労働契約を更新しない場合には、少なくとも契約の期間が満了する日の30日前までに、その予告をしなければならない

①有期労働契約が３回以上更新されている場合

②１年以下の契約期間の労働契約が更新または反復更新され、最初に労働契約を締結してから継続して通算１年を超える場合

③１年を超える契約期間の労働契約を締結している場合

雇止めの理由の明示

使用者は、雇止めの予告後に労働者が雇止めの理由について証明書を請求した場合は、遅滞なくこれを交付しなければならない（雇止めの後に労働者から請求された場合も同様）

契約期間についての配慮

使用者は、契約を1回以上更新し、かつ、1年を超えて継続して雇用している有期契約労働者との契約を更新しようとする場合は、契約の実態およびその労働者の希望に応じて、契約期間をできる限り長くするよう努めなければならない

5 労働契約締結上の注意

労基法違反の労働契約

労基法で定める基準に達しない労働条件を定める労働契約は、「その部分について」無効となります。言い換えれば、労基法違反の規定があった場合、その労働契約のすべてが無効となるのではありません。

たとえば、「1日の所定労働時間は10時間」とする労働契約を結んでも、労基法が定める法定労働時間は「1日8時間」ですので「その部分について」無効となり、1日8時間労働制が採用されたものとみなされます（時間外労働協定が締結されていないものと仮定します）。

就業規則に反する労働契約

就業規則の基準に達しない労働条件を定めた労働契約も、「その部分について」無効となります。たとえば、労働契約で1日の所定労働時間を法定労働時間である8時間と定めたとしても、就業規則に「1日7時間」とする定めがあるときには、この7時間が所定労働時間となります（44ページ参照）。

賠償予定・前借金の禁止

表彰・制裁の規定などにおいて、①違約金を定めることや損害賠償額を予定する契約をすること、②前借金その他労働することを条件とする前貸しの債権と賃金を相殺する定めを設けることは禁じられています。

違約金とは、労働契約の期間途中で労働者が転職をするようなときに労働者が使用者に支払うべきものとして、あらかじめ定められるものをいいます。

損害賠償額の予定とは、たとえば営業車を事故で傷つけた場合には一律50万円を賠償させるというように、実害額にかかわらず賠償すべき損害額を一定の金額に定めておくことなどをいいます。なお、使用者が実際に受けた損害について賠償を請求することは差し支えありません。

前借金とは、働くことを条件に使用者から金品を借り入れ、将来の賃金によりこれを返済していくことを労働契約の締結の際などに約束したものをいいます。

労基法に反する労働契約、就業規則に反する労働契約とは

1日の所定労働時間は、10時間とする

法定労働時間（8時間）に反する

➡8時間を超える2時間分について労働した場合は、2割5分増の割増賃金を支払わなければならない

【就業規則】
1日（8時間労働）の所定賃金は10,000円とする

【労働契約】
1日（8時間労働）の所定賃金は9,000円とする

就業規則で規定する額（10,000円）に、労働契約で定める額（9,000円）が満たない

➡就業規則どおり10,000円とする

違約金、損害賠償額の予定

入社後３年以内の自己都合退職には、10万円の罰金を科す

ノルマを達成しなかった場合には、一律１万円を徴収する

社員留学制度で留学した者が、帰国後一定の期間を経ずに退職する場合には、企業が負担した留学費用を全額返却する

労働者の退職の自由が拘束され、足止め策にもつながるおそれがあることから、損害発生の有無にかかわらず、また実害のいかんにかかわらず、一定の賠償額を定めておくことは禁止

「横領により会社に損害を与えた」「器物を破損し実害を与えた」などの場合に、その額について賠償を求めることは問題ない

プラス知識 ❷

●総合労働相談コーナー

総合労働相談コーナーでは、解雇、雇止め、配置転換、賃金の引き下げ、募集・採用、いじめ・嫌がらせ、パワハラなど、あらゆる分野の労働問題に関する労働者や事業主からの相談に、専門の相談員が面談あるいは電話で応じています（下記労働局または最寄りの労働基準監督署などにある総合労働相談コーナーへ）。

北海道労働局	011-707-2700
青森労働局	017-734-4211
岩手労働局	019-604-3002
宮城労働局	022-299-8834
秋田労働局	018-862-6684
山形労働局	023-624-8226
福島労働局	024-536-4600
茨城労働局	029-277-8295
栃木労働局	028-633-2795
群馬労働局	027-896-4677
埼玉労働局	048-600-6262
千葉労働局	043-221-2303
東京労働局	03-3512-1608
神奈川労働局	045-211-7358
新潟労働局	025-288-3501
富山労働局	076-432-2740
石川労働局	076-265-4432
福井労働局	0776-22-3363
山梨労働局	055-225-2851
長野労働局	026-223-0551
岐阜労働局	058-245-8124
静岡労働局	054-252-1212
愛知労働局	052-972-0266
三重労働局	059-226-2110
滋賀労働局	077-522-6648
京都労働局	075-241-3221
大阪労働局	06-7660-0072
兵庫労働局	078-367-0850
奈良労働局	0742-32-0202
和歌山労働局	073-488-1020
鳥取労働局	0857-22-7000
島根労働局	0852-20-7009
岡山労働局	086-225-2017
広島労働局	082-221-9296
山口労働局	083-995-0398
徳島労働局	088-652-9142
香川労働局	087-811-8924
愛媛労働局	089-935-5208
高知労働局	088-885-6027
福岡労働局	092-411-4764
佐賀労働局	0952-32-7218
長崎労働局	095-801-0023
熊本労働局	096-312-3877
大分労働局	097-536-0110
宮崎労働局	0985-38-8821
鹿児島労働局	099-223-8239
沖縄労働局	098-868-6060

第3章

就業規則に関する基本ルール

Contents

1 就業規則に定める事項

就業規則は職場の規則集

就業規則は、その職場において労働者が就業上守るべき規律や労働条件に関する具体的事項について定めたものです。

労基法では「常時10人以上の労働者を使用する使用者」に作成を義務付けていますが、賃金その他労働条件を規定する重要なものですので、10人未満の事業所であっても作成しておくのが望ましいでしょう。

職場でのルールを定め、労使双方がこれを守ることによって安心して働くことができ、労使間の無用のトラブルも防げることから、就業規則の内容を理解しておくことは重要です。

就業規則に定めるべきこと

就業規則に定めるべき内容は、

①始業・終業時刻、休憩時間、休日、休暇、交替制勤務における就業時転換

②賃金の決定、計算および支払いの方法、賃金の締め切りおよび支払いの時期ならびに昇給（臨時の賃金などを除きます）

③退職（解雇の事由を含みます）

に関する事項のほか、④退職手当（適用労働者の範囲、退職手当の決定、計算、支払いの方法、支払いの時期）、⑤臨時の賃金など（退職手当を除きます）および最低賃金額、⑥食費・作業用品などの労働者負担、⑦安全衛生、⑧職業訓練、⑨災害補償、業務外の傷病扶助、⑩表彰、制裁、⑪その他すべての労働者に適用される事項についてです。

このうち、①～③は、いかなる事業場でも必ず定めておかなければならない絶対的必要記載事項に該当し、④～⑪は、定めをおく場合には必ず就業規則に記載しなければならない相対的必要記載事項に該当します。家族手当や通勤手当はもちろんのこと、財形貯蓄制度などの福利厚生に関する事項も、制度としてある場合には就業規則に規定しなければなりません。

就業規則に定めるべき主なポイント

始業・終業時刻	・「1日の労働時間は8時間」とする規定だけでは不十分で、所定労働時間の開始・終了時刻まで定める。交替制勤務や職種によって始業・終業時刻が異なる場合には、それぞれの勤務態様または職種ごとに規定する ・1カ月単位または1年単位の変形労働時間制をとる場合には、必ず就業規則で各労働日の変形勤務の態様を具体的に定めておく
退職	・任意退職、解雇、定年制、契約期間の満了による退職などのすべてのものをいう
退職手当	・退職年金、退職一時金の別は問わない ・支払いの時期は、具体的に規定しておく ・不支給事由や減額事由を設ける場合も、就業規則に記載する必要がある
臨時の賃金	・賞与については、その性格上、「何カ月分」とまで定める必要はないが、支給条件や支給時期などは定めておくべき
表彰、制裁	・制裁については、譴責、減給、出勤停止、懲戒解雇などの種類とその程度について定める ・減給の制裁については、1回の額が平均賃金の1日分の半額を超え、あるいは総額が1賃金支払期の賃金総額の10分の1を超えて規定することはできない（108ページ参照）

派遣労働者と就業規則

●派遣労働者は、原則、派遣先の労働条件の下で働くことになるが、就業規則の作成については、派遣中の労働者も含め派遣元の事業所で作成する

●派遣中の労働者について画一的な労務管理を行わない事項については、就業規則にその枠組みや具体的な労働条件の定め方を規定することで対応する

2 就業規則と労働協約、労働契約との関係

就業規則と労働協約

労基法では、「就業規則は、法令又は当該事業場について適用される労働協約に反してはならない」とあります。つまり、労働協約のほうが就業規則よりも優位に立つということになります。ただし、労働協約に反する就業規則は、「その部分について」無効となるものであって、就業規則全文が無効となるものではありません。

労働協約とは労働組合と使用者との間で結ばれるものですので、たとえ就業規則の内容が労働協約に反する場合でも、この労働協約を結んだ労働組合に加入していない人については、労働組合法17条（一般的拘束力：一つの事業場に常時使用される同種の労働者の４分の３以上が一つの労働協約の適用を受けるときは、ほかの同種の労働者にも適用されるもの）および18条（地域的の一般的拘束力）が適用されない限り、その労働協約は適用されません。したがって、就業規則の規定がそのまま適用されることになります。

労働協約は、「労働組合と使用者又はその団体との間の労働条件その他に関する」ものであり、「書面に作成し、両当事者が署名し、又は記名押印すること」によって効力が生じます。この有効期間の上限は３年です。

就業規則と労働契約

就業規則で定める基準に達しない労働条件を定める労働契約は、その部分について無効となります。たとえば、就業規則で「１日の所定労働時間は７時間」とされているところ、労働契約では「８時間」としている場合のように就業規則で定める基準に達しない部分があるときは、その部分のみを無効とし、この無効となった部分については就業規則の規定に従う（つまり、「１日７時間」となる）ことになります。

就業規則で「１日の所定労働時間は７時間半」としている場合に、労働契約で「７時間」とすることは、就業規則で定める基準以上の労働条件をこの労働契約で定めているので有効です。つまり、この場合の労働者に適用される所定労働時間は「７時間」となります。

事業場に就業規則がある場合の労働者の労働条件（労働契約を結ぶ場合）

●労働者と使用者が合意すれば労働契約は成立する

使用者 ⇔ 労働者
合意
労働契約が成立

●事業場に就業規則がある場合には…

・労働者と使用者が労働契約を結ぶ際に、使用者が、①合理的な内容の就業規則を、②労働者に周知させていた（労働者がいつでも見られる状態にしていた）場合には、就業規則で定める労働条件が労働者の労働条件になる

・労働者と使用者が、就業規則とは違う内容の労働条件を個別に合意していた場合には、その合意内容が労働者の労働条件になる

就業規則（例）

・1日の所定労働時間は7時間30分とする

・時間外労働の割増賃金率は2割8分とする

労働契約（例）

× 1日の所定労働時間は7時間40分とする
→上記就業規則を下回っている
○ 1日の所定労働時間は7時間とする

× 時間外労働の割増賃金率は2割5分とする
→上記就業規則を下回っている
○時間外労働の割増賃金率は3割とする

※あくまでも時間外労働協定等がないものと考える

➡労働者と使用者が個別に合意していた労働条件が就業規則を下回っている場合には、労働者の労働条件は就業規則の内容まで引き上がる

3 就業規則の作成手続き

就業規則の作成

使用者は、就業規則の作成・変更について、労働組合あるいは労働者の過半数代表者の意見を聴かなければなりません。あくまでも「意見を聴く」ということであり、たとえ労働組合や過半数代表者が異議を唱えているような場合でも、手続き上はこれで足りることになります。

就業規則は全労働者について作成する必要があり、労働組合の代表者の意見を聴いたからといって、組合員ではないパート労働者には効力が及ばないとするものではありません。したがって、パート労働者についてほかの労働者と異なる労働条件を定めたい場合には、パート労働者用の就業規則を作成することとなります。この場合、就業規則には「労働時間について、パート労働者には別規定を適用する」として、その部分について別途新たに規定を設けるかたちとすれば足ります。

作成後は届け出と周知を

就業規則を作成したら、所轄の労働基準監督署に届け出なければなりません。その際には、労働者代表の意見を記した書面を添付する必要がありますが、たとえ「この就業規則に同意できない」という意見が付してあっても、就業規則の効力には影響がありません。

また、使用者は、就業規則をはじめとする規程類を労働者に周知する義務があります。見やすい場所に掲示したり、書面を交付したりして行いますが、自由に閲覧できるのであればモニター画面等でもかまいません。

作成上のポイント

解釈の違いから後々問題とならないように、事業所内で慣習的に行われているようなことでも、就業規則に掲げておくことが理想です。また、時宜にそぐわない内容とならないよう、随時見直しを図ることも必要です。

なお、就業規則を変更する際にも、労働者代表からの意見聴取や労働基準監督署への届け出が必要です。

就業規則の作成・変更の流れ

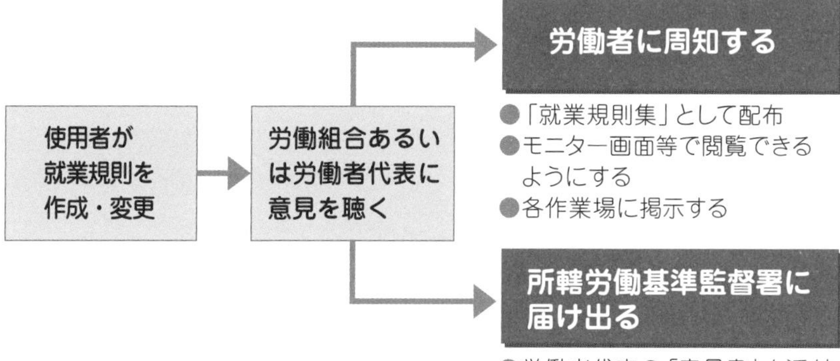

- 「就業規則集」として配布
- モニター画面等で閲覧できるようにする
- 各作業場に掲示する

- 労働者代表の「意見書」を添付（労働組合などから異議があったとしても、受理されれば有効）

労働者の過半数で組織する労働組合

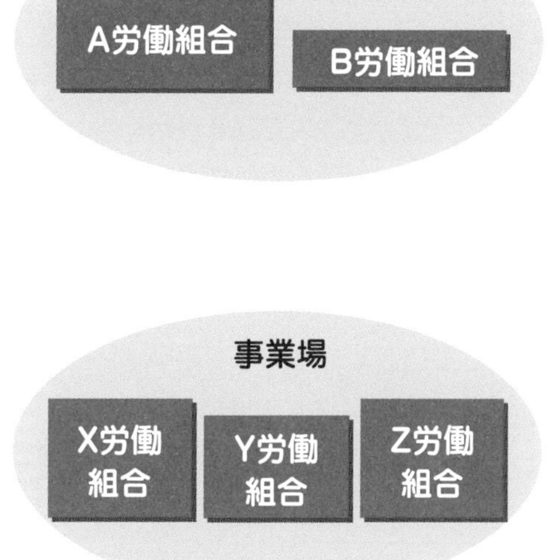

どちらかがこの事業場の労働者の過半数で組織されているときは、両方の労働組合と協定しなくてもその労働組合（左の図でいえば、A労働組合）と協定すればよい

この事業場の労働者の過半数で組織されている労働組合がないときは、この事業場の「労働者の過半数を代表するもの」を協定当事者として選ばなければならない

⇕

各労働組合と同一内容の協定を別個に結んだとしても、かたちとしてそれら組合代表の連署による協定であることが必要

4 就業規則による労働契約内容の変更

就業規則の変更に係る手続き

就業規則の作成・変更の手続きとしては、①常時10人以上の労働者を使用する使用者は、変更後の就業規則を所轄の労働基準監督署に届け出なければならないほか、②その変更について過半数労働組合等の意見を聴き、その意見を付した書面を添付することで、就業規則の内容の合理性に資するものとなっています。

就業規則による労働契約の内容の変更

労働契約は、労働者と使用者の合意の下に成立するものです。しかしながら、日本においては、就業規則によって労働条件を統一的に設定し、労働条件の変更についても就業規則の変更によることが広く行われていることから、就業規則の変更によって自由に労働条件を変更できるとの使用者の誤解や、労働条件の変更をめぐるトラブルもみられるところです。

そこで、労働契約法において、使用者は、労働者と合意することなく、就業規則を変更することによって労働者の不利益に労働契約の内容である労働条件を変更することができないと確認的に定め、そのうえで、「就業規則の変更」という方法により「労働条件を変更する場合」には、使用者が変更後の就業規則を労働者に周知させたこと、就業規則の変更が合理的なものであることという要件を満たした場合にのみ、「労働契約の内容である労働条件は、その変更後の就業規則に定めるところによる」ことができると、明文化されたのです。

就業規則（労働条件の変更）をめぐってトラブルにならないためには、使用者と労働者で十分に話し合いをすることが大切です。

事業場に就業規則がある場合の労働者の労働条件

●労働契約を変える場合

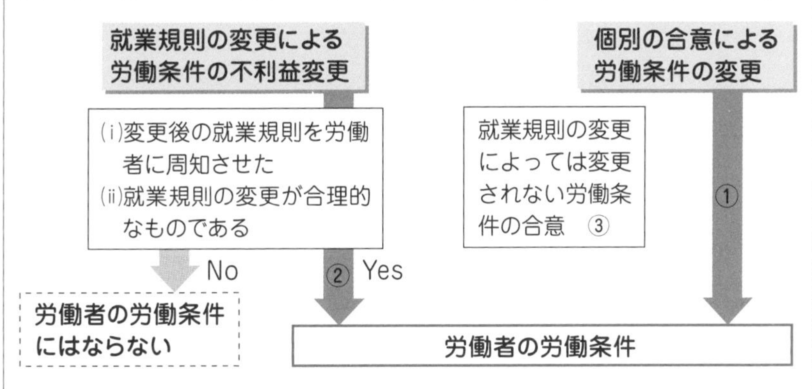

①労働者と使用者の合意により、労働者の労働条件は変更される。

②就業規則の変更により労働条件を変更する場合には、原則として労働者の不利益に変更することはできない。しかし、使用者が「変更後の就業規則を労働者に周知させた」ことに加え、「就業規則の変更が合理的なものである」ことという要件を満たす場合には、労働者の労働条件は、変更後の就業規則に定める労働条件によることになる。

③ただし、「就業規則の変更によっては変更されない労働条件として合意していた部分」は、その合意が優先することになる（合意の内容が就業規則で定める基準に達しない場合を除く）。

資料出所：「労働契約法のあらまし」（厚生労働省）

就業規則の作成・届け出

●就業規則は、企業単位ではなく事業場単位で作成し、届け出る

●複数の営業所や店舗等の事業場を有する企業については、営業所や店舗等の就業規則が変更前・変更後ともに本社の就業規則と同一の内容のものである場合に限り、本社所在地を管轄する労働基準監督署を経由して一括して届け出ることも可能

プラス知識 ❸

●通達番号の見方・使い方

労基法関連の専門書や法規集を調べていると、「令和２年９月１日基発0901第３号」のような略称が出てきます。これは、厚生労働省など行政機関の長が下級機関に対して出す法令の解釈や運用方針に関する通達（解釈例規）の分類記号・番号です。

その記号には、主に以下のようなものがあります。

発　基	労働基準局関係の事務次官名通達
労　発	労政局長名で発する通達
労　収	労政局長が疑義にこたえて発する通達
基　発	労働基準局長名で発する通達
基　収	労働基準局長が疑義にこたえて発する通達
基監発	労働基準局監督課長名で発する通達
収　監	労働基準局監督課長が疑義にこたえて発する通達
婦　発	婦人局長名で発する通達
婦　収	婦人局長が疑義にこたえて発する通達
女　発	女性局長名で発する通達
女　収	女性局長が疑義にこたえて発する通達
基災発	労働基準局労災補償部長または労災補償課長名通達

たとえば、上記の「令和２年９月１日基発0901第３号」であれば、「令和２年９月１日に労働基準局長名で発する通達の0901第３号」ということになります。

第4章

さまざまな労働時間の基本ルール

Contents

1 労働時間とは

労働時間に含まれるもの、含まれないもの

労働時間とは、使用者の指揮命令下に置かれている時間であり、使用者の明示または黙示の指示によって労働者が業務に従事する時間は労働時間に当たります。

労働時間に含まれるものには、貨物の積込み係が貨物自動車の到着を待つ間に体を休めている時間（手待時間）や、昼食休憩時間中の来客当番（実際に来客があったかどうかは不問）に当たる時間などが該当します。

一方、**労働時間に含まれないもの**には、自由参加である就業時間外の教育・研修を受ける時間や、一般健康診断を受ける時間などが当てはまります。

適用除外

農業・水産業労働者のほか、①監督もしくは管理の地位にある者（管理監督者）または機密の事務を取り扱う者、②監視または断続的労働に従事する者で使用者が行政官庁の許可を受けたものについては、労働時間、休憩、休日の規定は適用除外とされています（労基法41条）。

ただし、深夜業をさせた場合には割増賃金支払いの義務が生じます。また、年次有給休暇に関する規定は除外されません。

監督もしくは管理の地位にある者とは、いわゆる「管理職」といわれている人が当てはまるでしょう。しかし、単に肩書のみであって実際は労務管理や待遇について一般労働者となんら変わりのない人は含まれません。

監視または断続的労働に従事する者とは、守衛のように身体の疲労や精神的緊張の少ないもの、寄宿舎の寮長や宿直の業務のようなものをいいます。

なお、2019年４月から施行された高度プロフェッショナル制度では、高度の専門的知識等を有し、職務の範囲が明確で一定の年収要件を満たす労働者を対象に、労使委員会の決議や労働者本人の同意を前提として、年間104日以上の休日確保措置や健康・福祉確保措置等を講ずることによって、労働時間、休憩、休日および深夜の割増賃金に関する規定が適用されないものとされています。

労働時間に含まれるもの、含まれないもの

●所定労働時間＝8:45〜16:45（昼休みを除く7時間）

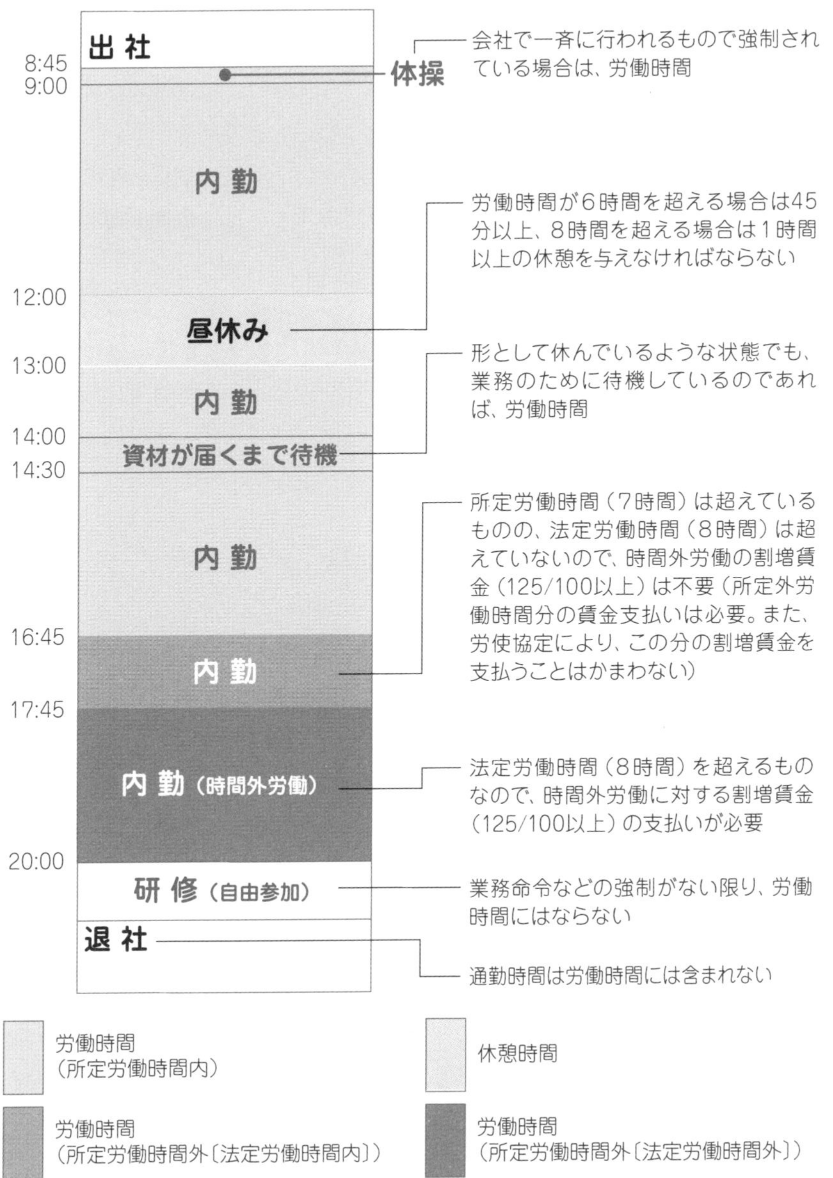

2 法定労働時間と所定労働時間

法定労働時間

労基法では、「休憩時間を除き1週間について40時間を超えて、労働させてはならない」「1週間の各日については、労働者に、休憩時間を除き1日について8時間を超えて、労働させてはならない」と定めており、この「1日8時間」「1週40時間」を**法定労働時間**といいます。しかし、この法定労働時間はあくまでも「最低条件」であり、事業場ごとに実際の労働時間について就業規則などで定める必要があります。

この法定労働時間を超えて労働させるためには、あらかじめ時間外労働についての労使協定（**36協定**）を結び、所轄の労働基準監督署に届け出ることが必要です。また、時間外労働をさせた場合には、使用者はその分の割増賃金を支払わなければなりません。

所定労働時間

所定労働時間は、「1日7時間、1週35時間」というように、法定労働時間の枠内で規定する必要があります。

ところで、この例において、ある1日に2時間の時間外労働（7+2＝9時間の労働）をしたときには1日8時間の法定労働時間の枠を超えていますので、1時間の時間外労働をしたことになります。

他方、ある1日に1時間延長して8時間労働した場合は、たとえ所定労働時間を超過していても、法定労働時間の「1日8時間」の枠内ですので、割増賃金の支払いは不要となります。もちろん、「所定労働時間を超えた時点で割増賃金の支払いが発生する」とする就業規則を結ぶことは、問題ありません。

法定労働時間も所定労働時間も、休憩時間を除いて考えます。「始業時刻午前9時、終業時刻午後5時30分（休憩時間1時間）」の会社であれば、所定労働時間は7時間30分です。

「１日」の範囲

「1日」は、原則、午前0時から午後12時までの暦日単位をいう

●時間外労働が翌暦日にわたる場合

継続勤務が２暦日にわたる場合、午前０時を過ぎて日付が変わっても１勤務で扱う
（時間外・深夜労働の割増賃金が必要）

●1勤務16時間隔日勤務の場合

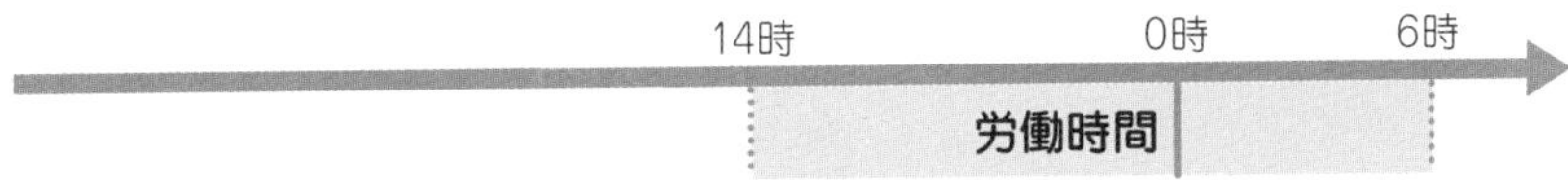

勤務が２暦日にわたる場合でも、当初から１日の労働として扱う

●8時間3交替勤務の場合

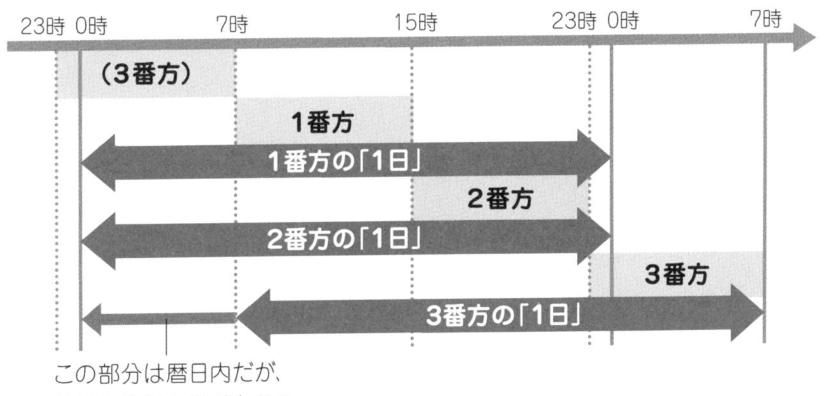

3 時間外労働・休日労働

時間外労働

36協定を結んでいれば、その協定の範囲内において**時間外・休日労働**をさせても労基法違反とはなりません。たとえば、時間外労働の上限を「1日3時間、1カ月30時間」と協定していれば、ある1日について2時間の時間外労働をさせることも可能です。そのかわり、同じ2時間の時間外労働であっても、もしその1日を含む1カ月にすでに30時間の時間外労働をさせていた場合には、1カ月30時間の枠を超えることから協定違反となるため、認められません。

なお、時間外労働のうち、午後10時から午前5時までの労働を**深夜労働**といい、満18歳未満の者を働かせることができないなどの制限があります。

休日労働

使用者は、労働者に対して、原則として、毎週少なくとも1回の休日（法定休日）を与えなければなりません（78ページ参照）。法定休日に働かせる場合には、休日労働に対する割増賃金（135/100以上）の支払い義務があります。

週休2日制を採用している企業が週2日の休日のうち1日を出勤させても、法にいう休日労働には当たりません。ただし、この1日についても休日労働扱いとして割増賃金を支払うことは、当然可能です。

災害発生等の対応時には

地震や風水害、火災などの災害への対応のほか、サーバーへの攻撃によるシステムダウンへの対応といった事由が発生した場合には、事前に所轄労働基準監督署の許可を受けることにより、例外として、36協定の有無にかかわらず時間外・休日労働をさせることができます。あくまでも「災害その他避けることのできない事由」などの臨時の必要がある場合ですので、急に忙しくなったというだけの理由では認められません。

また、割増賃金の支払いの義務まで免除されるものではありません。

時間外労働・休日労働のとらえ方

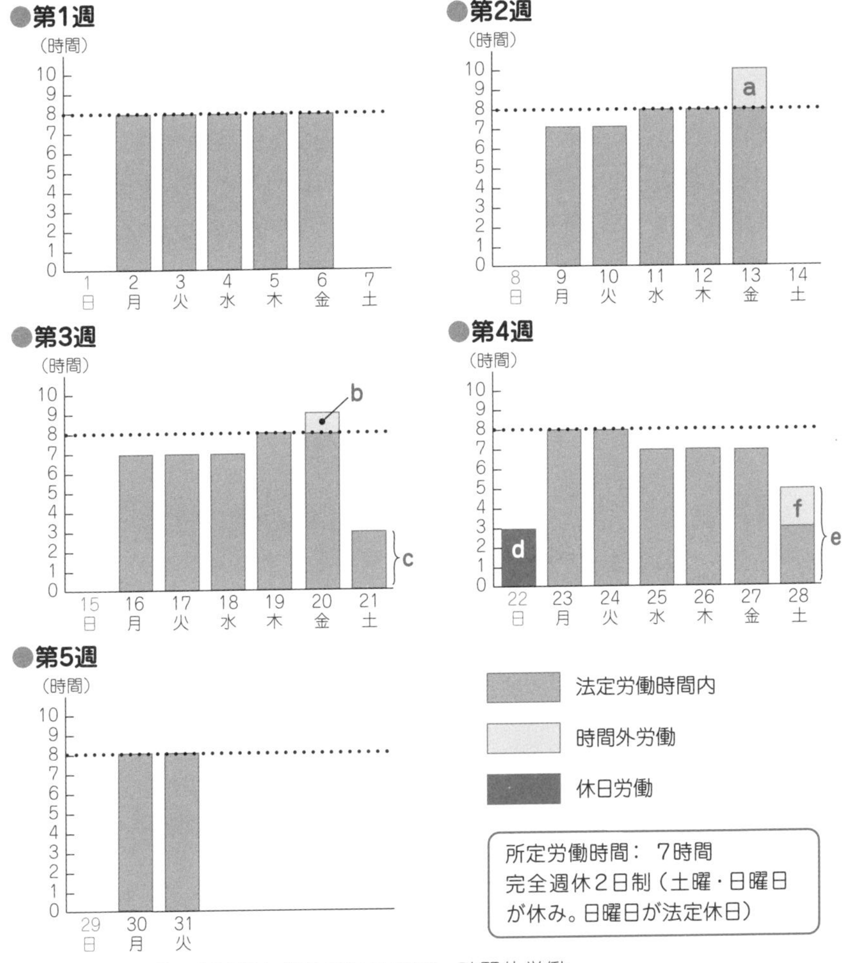

a 1日について、8時間を超えているので、時間外労働

b 1日について、8時間を超えているので、時間外労働

c 週休2日制における休日のうちの1日のみ出勤させるものなので（日曜日は休日）、休日労働にはならない

d 休日労働

e 週休2日制において休日の2日とも出勤しているが、日曜日（22日）が法定休日であるので、この日は休日労働にはならない

f 1日8時間を超えていないが、1週につき40時間を超えているので時間外労働。日曜日（22日）の労働に対して休日労働割増がなされているので、その分は40時間の中にカウントされない

4 36協定とその内容

時間外・休日労働をさせるには

労使間で書面による協定（36協定）を結び所轄の労働基準監督署に届け出ることによって、法定労働時間を超える時間外労働や法定の休日に労働させることが可能となります。所定労働時間（たとえば7時間）を超えて労働させる場合でも、法定労働時間である8時間を超えないのであればこの協定は必要ありませんが、それを超える時間外労働が発生する実態があるならば、必ずこの36協定を結ばなくてはなりません。

なお、労働組合が「組合員」について会社と36協定を締結していたとしても、特段の合理的事情がない限り、この36協定の効力は労働組合員以外の労働者にも及びます。

定めておくべき事項と時間外労働の上限規制

36協定には、時間外労働・休日労働をさせる必要のある具体的事由、業務の種類、労働者の数、1日・1カ月・1年についての延長することができる時間数や労働させることができる休日、協定の有効期間等について定めなければなりません。

「労働者の数」については、時間外労働や休日労働をさせることができる労働者の数について協定すべきものですが、例えば、協定の締結後、労働者の数に若干の変動があったとしても、特段の事情がない限り、この協定によって時間外労働をさせることができます。

「延長することができる時間」については、「1日」「1カ月」「1年」の時間外労働の上限時間を定めます。しかし、この上限時間内で労働させた場合であっても、実際の時間外労働と休日労働の合計が月100時間以上または2～6カ月平均80時間超となった場合には法違反となるため、時間外労働と休日労働の合計を月100時間未満、2～6カ月平均80時間以内とすることが必要です。

時間外労働の上限規制

●時間外労働の上限

原則として月45時間・年360時間

臨時的な特別の事情がなければこれを超えることはできない

（月45時間は、１日当たり２時間程度の時間外労働に相当）

●臨時的な特別の事情があって労使が合意する場合

労使合意があっても、

- 時間外労働が年720時間以内
- 時間外労働と休日労働の合計が月100時間未満
- 時間外労働と休日労働の合計について、「２カ月平均」「３カ月平均」「４カ月平均」「５カ月平均」「６カ月平均」がすべて１カ月当たり80時間以内となること

  （月80時間は、１日当たり４時間程度の残業に相当）

※原則である月45時間を超えることができるのは年6カ月まで

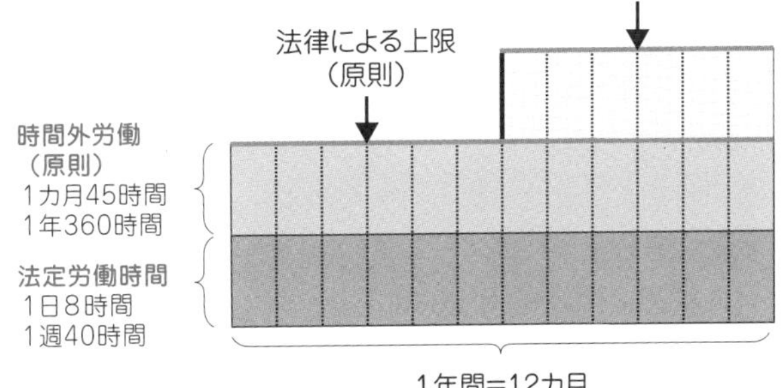

5　１カ月単位の変形労働時間制

労使協定または就業規則で規定する

「１カ月単位の変形労働時間制」は、一定の期間における法定労働時間の総枠の範囲内で１日または１週間の法定労働時間を超えて労働させることができる制度です。１カ月以内の期間において、ある10日間は忙しいが残りの日はあまり忙しくないというように、繁閑の差がある業務などで適用されます。

●定めるべき事項

１カ月以内の一定期間（**変形期間**）を平均し１週間当たりの労働時間が１週間の法定労働時間を超えない範囲内において、①変形期間、②変形期間の起算日、③変形期間における各日、各週の労働時間を定め、就業規則において、④変形期間の各労働日の始業・終業時刻について定めます。

「変形期間を平均し１週間当たりの労働時間が１週間の法定労働時間を超えない範囲内」とするとは、変形期間内の所定労働時間の合計を、「１週間の法定労働時間×変形期間の週数（変形期間の日数÷７日）」の範囲内としなければならないということです。つまり、変形期間を１カ月単位とする場合には、上の式から30日の月＝171.4時間、31日の月＝177.1時間となり、４週単位とする場合は、160時間となります。この時間が、変形期間を通じての法定労働時間となります。

変形労働時間制にも時間外労働は生じる

この制度を採用した場合でも、下記のケースは時間外労働となります。

①１日については、(ア)就業規則等により８時間を超える時間を定めた日はその時間、(イ)それ以外の日は８時間を超えて労働した時間

②１週間については、(ア)就業規則等により40時間を超える時間を定めた週はその時間、(イ)それ以外の週は40時間を超えて労働した時間（①で時間外労働となる時間を除きます）

③変形期間については、変形期間における法定労働時間の総枠を超えて労働した時間（①②で時間外労働となる時間を除きます）

時間外労働の考え方

●第1週　所定労働時間40時間

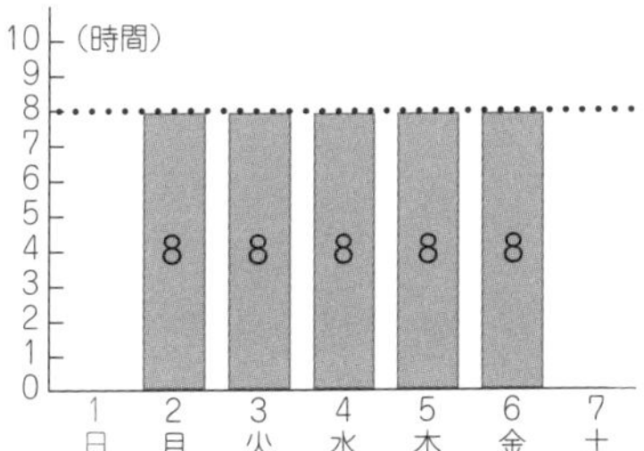

●第2週　所定労働時間38時間

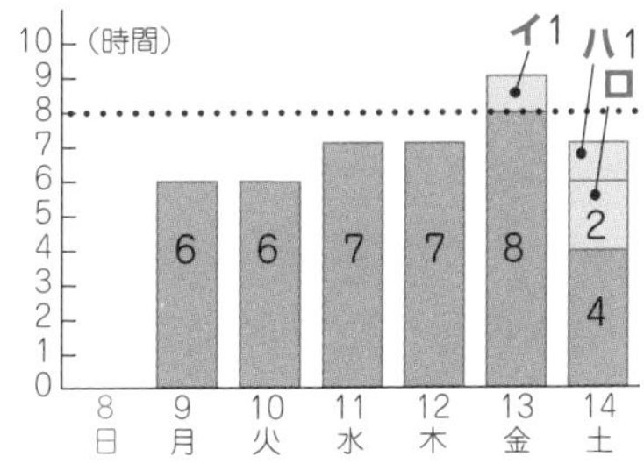

●第3週　所定労働時間42時間

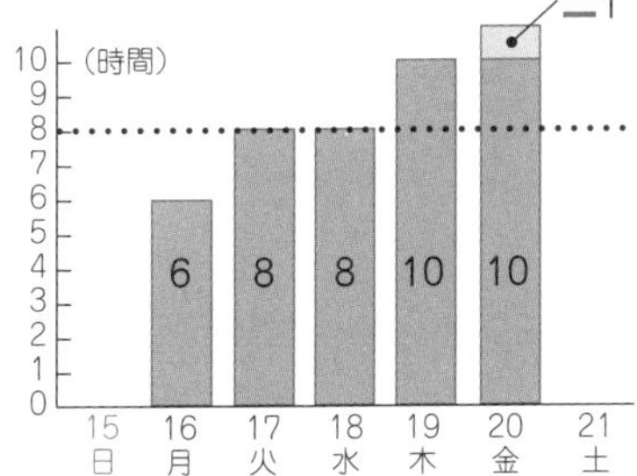

●第4週　所定労働時間36時間

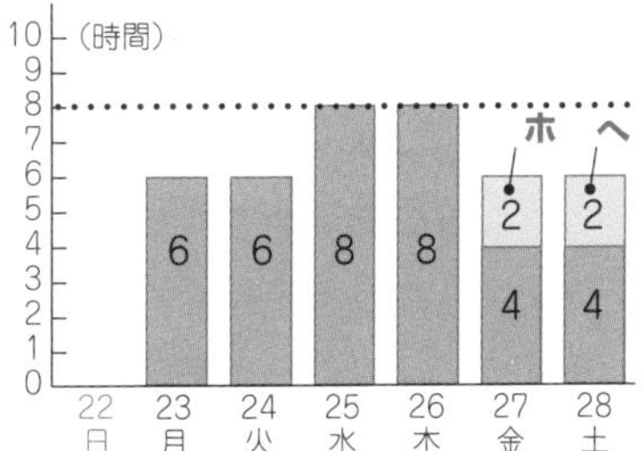

●第5週　所定労働時間16時間

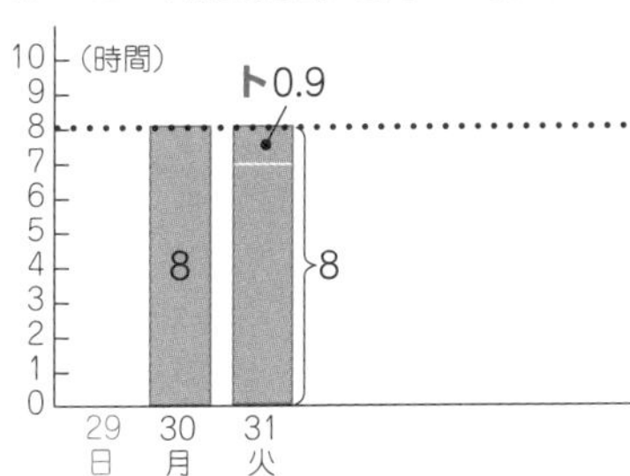

所定労働時間

所定労働時間を超えた時間

1カ月間の所定労働時間	172.0時間
1カ月間の法定労働時間	177.1時間
	(40時間×$\frac{31}{7}$週)

イ　1日について、8時間を超え、かつ、所定労働時間を超えており、時間外労働

ロ　1日について8時間、1週について40時間を超えておらず、月の法定労働時間の枠内であり、法定内労働

ハ　1日8時間を超えていないが、1週につき40時間を超え、かつ、1週の所定労働時間を超えており時間外労働

ニ　1日について、8時間を超え、かつ、所定労働時間を超えており、時間外労働

ホ・ヘ　ロと同じ

ト　1日について8時間、1週について40時間を超えていないが、ロ、ホ、ヘについて労働させたため月の法定労働時間を超えており、所定労働時間であっても時間外労働(正確には、177.1時間を超える0.9時間分(小数第2位以下切り捨て))

6　1年単位の変形労働時間制

労働日・労働時間の特定が必要

1年単位の変形労働時間制を導入するためには、労使協定において次の要件が必要になってきます。

①対象となる労働者の範囲を定め、

②**対象期間**（その期間を平均し1週間当たりの労働時間が40時間を超えない範囲内で労働させる期間で、1カ月を超え1年以内の期間）を規定し、

③**特定期間**（対象期間中の特に業務が繁忙な期間）を定め、

④1日10時間、1週52時間を限度とし、かつ、連続して労働させる日数の限度が6日となるように、

⑤対象期間における労働日およびその労働日ごとの労働時間を規定し、

⑥労使協定の有効期間を定め、

⑦この労使協定を所轄の労働基準監督署に届け出ること

対象期間における日または週の労働時間を、その期間の途中で変更することはできません。ただし、この変形労働時間制は対象期間が長期にわたるので、対象期間を1カ月以上の期間ごとに細分化して、労働日および労働日ごとの労働時間を特定することができます。最初の期間以外の各期間については、その期間の初日の30日前までに、それぞれ具体的に定めれば足ります。

1日10時間、1週52時間が限度

対象期間における労働日数の限度は1年当たり280日で、1年に満たない場合は「280日×対象期間の暦日数÷365日」となります。

対象期間内に連続して労働させることができる日数の限度は6日、特定期間内に連続して労働させる日数の限度は1週間に1日の休日が確保できる日数とされます。

特定された週における1日の労働時間の限度は10時間で、1週間の労働時間の限度は52時間です。ただし、対象期間が3カ月を超えるときには、さらなる制限があります。

対象期間の区切り方

❶1カ月を超え1年以内の期間を対象期間とした場合

6カ月

対象期間が3カ月を超え1年以内の場合、その期間中の労働時間が48時間を超える週が連続することができるのは3週まで、かつ、対象期間をその初日から3カ月ごとに区分したときの各期間（3カ月未満の期間を生じたときはその期間）において、48時間を超える週の初日の数が3以下であること

●「48時間を超える週の初日の数が3以下」とは…

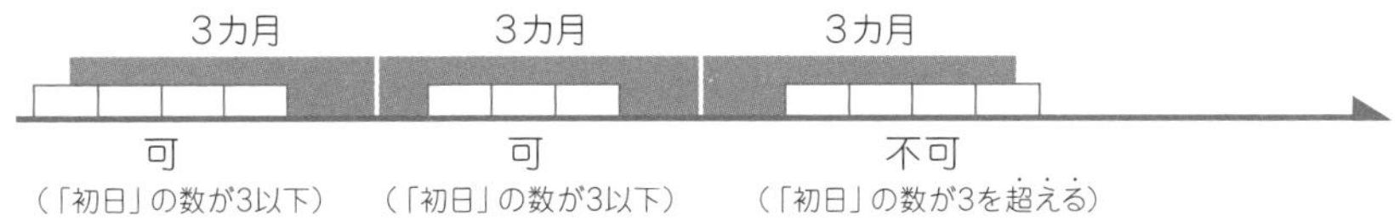

❷対象期間を1カ月以上の同じ期間で区分した場合

3カ月　3カ月　3カ月　3カ月

対象期間中の労働日数の限度は280日。対象期間が1年に満たない場合は、「280日×対象期間の暦日数÷365日」（❶の例でいえば、「280×183÷365＝140.38」より、140日が限度）

❸対象期間を1カ月以上の異なる期間で区分した場合

3カ月　2カ月　3カ月　1カ月　3カ月

たとえば「3週間」のように1カ月に満たない期間は設けられない

❹対象期間を1カ月以上の期間で区分し、適切な特定期間を設けた場合

3カ月(特定期間を2週間)　3カ月　3カ月(特定期間を2週間)　3カ月

特に業務が繁忙な期間である「特定期間」中は、1週間に1日の休日が確保できるのであれば、日を連続して労働させることができる

対象期間中の相当部分を特定期間とすることはできない（❹の例でいえば、3カ月の対象期間中、特定期間を2カ月半にするなどの場合は不可）

7 1週間単位の非定型的変形労働時間制

小規模企業に限られる

1週間単位の非定型的変形労働時間制は、ほかの変形労働時間制と比べて短いタームで設定する労働時間制度です。忙しい日にはある程度長く働くかわりに、比較的忙しくない日は休日とするか労働時間を短くすることにより、全体としては労働時間の短縮につながることを期待するものです。

この制度を導入するためには、①小売業、旅館、料理店および飲食店の事業であって規模が30人未満のものについて、②労使協定において、③1週間の所定労働時間として40時間以内の時間を定めることを要件とし、その労使協定を所轄の労働基準監督署に届け出ることとしています。

30人未満の事業に限って採用することができるとしたのは、パートタイム労働者などを雇うことで、ある程度業務の繁閑に対応できる大きい規模の事業場と違い、小規模企業ではこのような対応をとることが難しいためです。

なお、「30人未満」とは、常態として30人未満の労働者を使用しているという意味であり、時として30人以上となる場合は除きます。

各日の労働時間を事前に通知する

この制度を採用した場合、各日の労働時間は（1週40時間の範囲内で）1日10時間を限度とします。「1日10時間」とは、事前通知によって労働させることができる時間の限度であり、時間外労働をさせる場合には、別途36協定を締結しなければなりません。

各日の労働時間については、その前週末までに書面で通知します。つまり、1週間を暦週で区切っている場合、その1週間がはじまる前まで、すなわち遅くとも前の週の土曜日までにその週の各日の労働時間を定めて、労働者に通知しなければなりません。

台風による影響など緊急でやむを得ない事由により、あらかじめ通知した労働時間を変更することとなった場合には、変更しようとする日の前日までに、書面で労働者に通知することで、変更することができます。

各日の労働時間と時間外労働

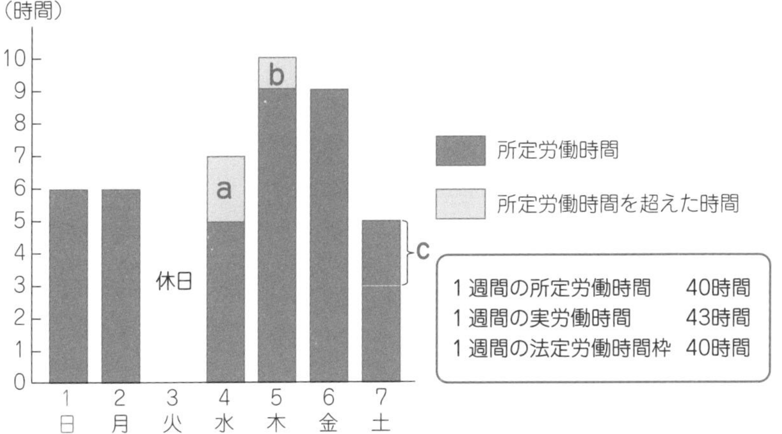

a　1日について、所定労働時間（5時間）を超えるものの法定労働時間（8時間）内であるので、時間外労働とはならない

b　1日について、所定労働時間（9時間〔>法定労働時間の8時間〕）を超えており、時間外労働

c　1日について、所定労働時間（5時間）内であるが、1週間をトータルでみた場合、週の法定労働時間（40時間）を超えているので時間外労働（ただし、bですでに算出した1時間を差し引いて計算する）

変形労働時間制の比較

	1カ月単位の変形労働時間制	1年単位の変形労働時間制	1週間単位の非定型的変形労働時間制
締結の方法	労使協定または就業規則など	労使協定	労使協定
週平均労働時間	法定労働時間	40時間	40時間
労使協定の届け出	必　要	必　要	必　要
労働時間の上限	—	1日10時間 1週52時間	1日10時間

※いずれの制度でも、労働義務の根拠設定として労働協約や就業規則などでの定めが必要

8 フレックスタイム制

フレックスタイム制の特徴

フレックスタイム制は、一定の期間についてあらかじめ定めた総労働時間の範囲内で、労働者が日々の始業・終業時刻や労働時間を自ら決めることのできる制度です。労働者は仕事と生活の調和を図りながら効率的に働くことができる一方、使用者は労働時間を指定するような業務命令をすることはできません。

労使協定の締結事項

導入するうえで労使協定で定める事項は、①対象となる労働者の範囲、②清算期間、③清算期間における総労働時間、④標準となる１日の労働時間、⑤コアタイム・フレキシブルタイムを設ける場合にはその開始・終了時刻です。

清算期間とは、フレックスタイム制の下、労働者が労働すべき時間を定める期間をいいます。その長さは３カ月以内とし、その間の上記③の総労働時間を定めます。１カ月を超える期間を清算期間とする場合は、その開始日以後１カ月ごとに区分した期間ごとに、その各期間を平均して１週間当たりの労働時間が50時間を超えない範囲内で労働させることができます。この総労働時間がフレックスタイム制における所定労働時間であり、清算期間を単位として定められます。

コアタイムとは労働者が労働しなければならない時間帯を、**フレキシブルタイム**とは労働者がその選択により労働することができる時間帯をいいます。

通常とは異なる時間外労働に関する取り扱い

フレックスタイム制では、労働者が日々の労働時間を自ら決定することとなるため、１日８時間・１週40時間の法定労働時間を超えて労働しても、ただちに時間外労働とはなりません。逆に、標準となる１日の労働時間に達しない時間も欠勤となるわけではありません。

時間外労働となるのは、清算期間における実際の労働時間のうち、清算期間における法定労働時間の総枠を超えた時間数です。

フレックスタイム制の例

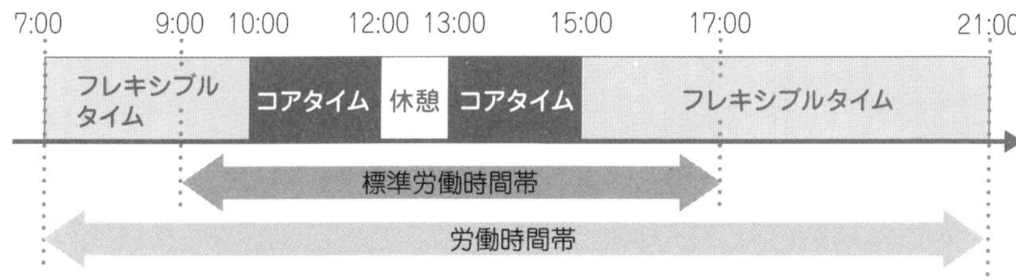

標準となる１日の労働時間：７時間➡年休日の賃金の算定基礎となる

フレキシブルタイム 7:00〜10:00、15:00〜21:00

コアタイム 10:00〜12:00、13:00〜15:00

法定時間外労働となる時間

●清算期間が１カ月以内の場合

清算期間における実労働時間数のうち、法定労働時間の総枠を超えた時間が法定時間外労働となる

$$\text{清算期間における実労働時間数} - \text{週の法定労働時間} \times \frac{\text{清算期間における暦日数}}{7}$$

●清算期間が１カ月を超え3カ月以内の場合

以下の①②がそれぞれ時間外労働として計算される

①１カ月ごとに、週平均50時間を超えた労働時間

②①で計算した時間を除き、清算期間を通じて法定労働時間の総枠を超えて労働した時間

清算期間を通じて法定労働時間の総枠を超えて労働した時間 ＝ 清算期間を通じた実労働時間 － 各月において、週平均50時間超過分として清算した時間外労働の合計 － 清算期間における法定労働時間の総枠

9 事業場外労働に関するみなし労働時間制

この制度の対象となるのは、事業場外で働き、かつ、使用者の具体的な指揮監督が及ばず、労働時間を算定することが困難な業務です。１日の労働時間の全部を事業場外で働く場合だけではなく、１日の労働時間のうち一部を事業場外で働く場合も適用されます。

労働したものとみなす

労働時間の全部または一部について事業場外で働いた場合で労働時間を算定し難いときは、原則、所定労働時間労働したものとみなします。しかしながら、業務を遂行するためには通常所定労働時間を超えて労働することが必要な場合には、**業務の遂行に通常必要とされる時間**労働したものとみなすことになります。

業務の遂行に通常必要とされる時間

「業務の遂行に通常必要とされる時間」とは、通常その業務を遂行するために客観的に必要とされる時間です。たとえば、労働時間の全部を事業場外で従事し、この事業場外での業務に対して通常客観的に必要とされる時間が８時間である場合には、その日は８時間働いたものとみなします。

この「通常必要とされる時間」について労使協定があるときは、「その協定で定める時間」がその仕事を行うために通常必要とされる時間となります。

なお、事業場外で働く労働者に裁量の幅があるとしても、休憩時間を取れるよう必要な措置は講じておかなければなりません。

●事業場の内外で働いた時間が所定労働時間を超えるとき

事業場内で働いた時間と事業場外で働いた「業務の遂行に通常必要とされる時間」とを加えた時間が所定労働時間よりも長い場合、たとえば、所定労働時間が８時間、事業場外における「業務の遂行に通常必要とされる時間」が６時間である場合において、事業場内での労働時間が３時間であるとすると、６＋３＝９時間働いたこととなります。

事業場外のみなし労働時間

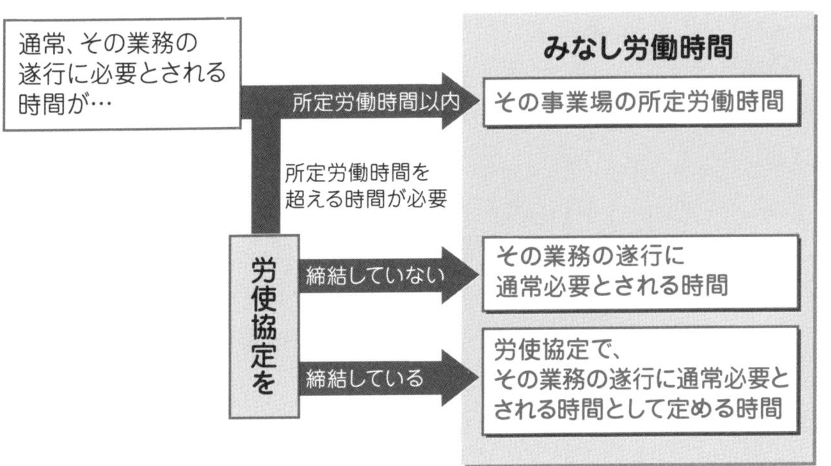

「業務の遂行に通常必要とされる時間」とは

通常の状態でその業務を遂行するために客観的に必要とされる時間

［例］

- 労働時間のすべてが事業場外での業務の場合で、その業務の遂行に通常必要とされる時間が8時間である場合
  ➡8時間

- 労働時間の一部が事業場外であるときに、その業務の遂行に通常必要とされる時間が5時間とされる場合（所定労働時間が7時間30分のとき）
  ➡事業場内で働いた時間が３時間の日は８時間、４時間の日は９時間
  ➡事業場内で働いた時間が２時間である場合は、事業場外での業務の遂行に通常必要とされる時間（５時間）と事業場内での２時間を合計すると所定労働時間以内であるので、事業場外部分については事業場内部分の時間とあわせて所定労働時間労働したものとみなし、１日の労働時間は７時間30分となる

10 専門業務型裁量労働制

導入することができる業務

専門業務型裁量労働制を導入することができる業務は、①新商品もしくは新技術の研究開発または人文科学もしくは自然科学に関する研究の業務、②情報処理システムの分析または設計の業務、③新聞もしくは出版の事業における記事の取材もしくは編集の業務または放送番組の制作のための取材もしくは編集の業務など、右ページに掲げる業務に限られます。

これら業務のうち具体的にどのようなものにこの制度を適用するかについては、各事業場での業務の実態などを踏まえて労使間で協議し、労使協定で定めます。たとえ上記のような業務に該当したとしても、上長の管理の下に業務遂行や時間配分の管理が行われている場合や、その業務に付随する単なる雑用のみを行う場合などは、この裁量労働制の対象とはなりません。

みなし労働時間

労使協定において、①専門業務型裁量労働制の対象業務に該当する業務を定め、②この業務を行ううえで必要とされる時間などを定めた場合、労働者は、この協定で定める時間だけ労働したものとみなされます。

●働き過ぎにならないよう留意する

この制度の下で働く労働者は、自らの裁量により、業務遂行の手段や時間配分などを決めて働くこととなります。その反面、実際の労働時間によるのではなく、労使協定で定められた時間働いたものとみなされますので、たとえば朝９時から夜９時まで（休憩時間を除きます）働いたとしても、協定で定める時間が「８時間」であれば、この労働者は「８時間」働いたものとされます。そのため、労働者の労働時間の状況に応じた健康・福祉を確保するための措置を定めるなど、労働者に過度の負担がかからないよう、使用者は配慮することが必要です。

この労働時間のみなし規定が適用される場合であっても、休憩時間や深夜業、休日に関する規定は、一般の労働者と同様に適用されます。

対象となる業務

①新商品･新技術の研究開発の業務、人文科学･自然科学の研究の業務 ×周辺業務（雑用）のみのもの
②情報処理システムの分析・設計の業務 ×プログラマーの業務
③新聞･出版事業での記事の取材･編集の業務、ラジオ･テレビ番組制作のための取材･編集の業務 ×社内報の編集、単なる校正の業務、同行カメラマンや技術スタッフ
④衣服、室内装飾、工業製品、広告等の新たなデザインの考案の業務 ×単に図面の作成や製品の制作などの業務を行うもの
⑤放送番組、映画等の制作事業のプロデューサー・ディレクターの業務
⑥広告、宣伝等における商品等の内容、特長等にかかる文書の案の考案の業務（いわゆるコピーライターの業務）
⑦②の情報処理システムを活用するための問題点の把握または活用方法についての考案・助言の業務（いわゆるシステムコンサルタントの業務）
⑧建築物内の照明器具、家具等の配置についての考案・表現・助言の業務（いわゆるインテリアコーディネーターの業務）
⑨ゲーム用ソフトウエアの創作の業務
⑩有価証券市場の相場等の動向・価値等の分析、評価または投資に関する助言の業務（いわゆる証券アナリストの業務）
⑪金融工学等の知識を用いて行う金融商品の開発の業務
⑫大学における教授研究の業務（主として研究に従事するものに限る）
⑬公認会計士、弁護士、建築士、不動産鑑定士、弁理士、税理士、中小企業診断士の業務

導入の流れ

- ●対象業務
- ●業務について具体的に指示しない旨
- ●みなし労働時間
- ●有効期間
- ●健康･福祉を確保するための措置
- ●苦情処理に関する措置

→ **労使協定を締結**

→ 労使協定の届け出
労使協定を労働者に周知

→ **導入**

11 企画業務型裁量労働制

対象となる業務

企画業務型裁量労働制の導入に当たっては、①事業の運営に関する事項についての企画、立案、調査および分析の業務であって、②業務の性質上、適切に遂行するためにはその方法を大幅に労働者の裁量にゆだねる必要があり、③業務の遂行の手段、時間配分の決定などについて使用者が具体的な指示をしないこととする業務であることが必要です。

いかなる事業場においても、この裁量労働制を実施できるものではありません。①本社・本店である事業場、②①のほか、(i)その事業場の属する企業等に係る事業の運営に大きな影響を及ぼす決定が行われる事業場、(ii)本社・本店である事業場の具体的な指示を受けることなく独自に、その事業場に係る事業の運営に大きな影響を及ぼす事業計画や営業計画の決定を行っている支社・支店等である事業場、のいずれかである必要があります。

労使委員会の設置

この制度を導入するためには、まず**労使委員会**を設置し、そこでの決議に基づいて採用されることとなります。

この労使委員会とは、賃金、労働時間などの労働条件について調査審議し、事業主に対し意見を述べることを目的とする、使用者と労働者の代表者を委員とするもので、その委員の５分の４以上の多数による議決によって、右ページで掲げるものについて決議をしてはじめて導入できます。

個別同意が必要

制度の導入について労使委員会で決議された後は、制度の対象となる労働者から個別の同意を得る必要があります。あくまでも「個別」の同意であり、就業規則などによる包括的な同意では不十分です。

使用者は、決議が行われた日から６カ月以内ごとに１回、所定の様式により所轄の労働基準監督署へ、対象労働者の労働時間の状況、健康・福祉を確保するための措置の実施状況についての定期報告をしなければなりません。

導入の流れ

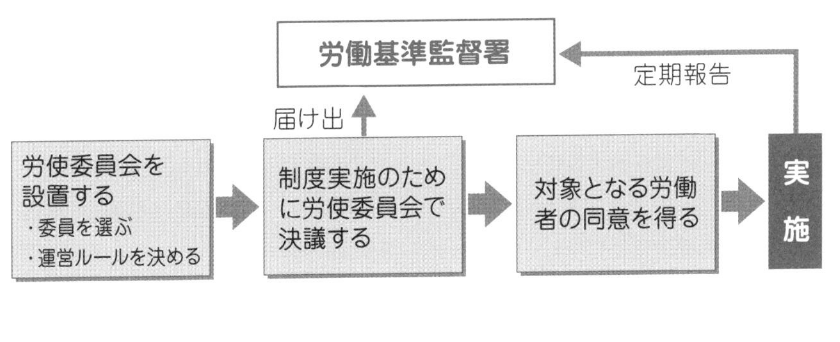

導入のための決議事項

❶対象となる業務の具体的な範囲

❷対象労働者の具体的な範囲

❸労働したものとみなす時間
1日当たりの労働時間を定める

❹対象労働者の健康・福祉を確保するための措置の具体的内容

❺対象労働者からの苦情処理のため実施する措置の具体的内容
苦情の申し出の窓口、担当者、取り扱う苦情の範囲、処理の手順・方法など、その具体的内容

❻対象労働者の同意を得なければならない旨
不同意労働者に不利益な取り扱いをしてはならない旨
対象となる各労働者に、決議の有効期間ごとに同意を得る

❼決議の有効期間
3年以内とすることが望ましい

❽勤務状況などの記録の保存の旨
決議の有効期間中およびその満了後3年間

12 休憩時間の与え方

休憩を与えるポイント

労基法では、労働時間が６時間を超える場合は少なくとも45分、８時間を超える場合は少なくとも１時間の休憩を労働時間の途中に与えることとされています。所定労働時間が７時間であれば45分の休憩時間を与えれば足りるわけですが、さらに２時間延長して働かせる場合、労働時間が合計９時間となって「８時間を超える」ため、さらに15分の休憩時間を与えなければなりません。そのかわり、合計１時間の休憩を与えたならば、さらにその後、休憩時間を与えずに時間外労働をさせたとしても法違反とはなりません。

この休憩時間は、労働者が仮眠をとったり食事をしたり自由に利用できる必要がありますが、規律保持のために、たとえば外出を許可制とするなど、休憩時間の利用について制限を加えることは、休憩の目的を損なわない限り差し支えありません。

一斉に休憩することができないとき

休憩時間は「一斉に」与えることが原則です。しかし、昼休みであっても電話の応対のために一斉に休憩させられない場合などには、①一斉に休憩を与えない労働者の範囲、②この労働者に対する休憩の与え方、について労使協定で定めておけば、例外として認められることになります。

●一斉付与の例外

休憩の一斉付与に対して、運輸交通業、商業、金融・広告業、映画・演劇業、通信業、保健衛生業、接客娯楽業および官公署の事業の労働者については、労使協定を結ぶことなく一斉に休憩を与えなくてもよいとされています。これは、一斉に休憩させることで、かえって業務が成り立たなくなるようなことがないように、その業態上、労使協定の締結がなくても交替休憩を実施できることとしたものです。

休憩を与えるポイント

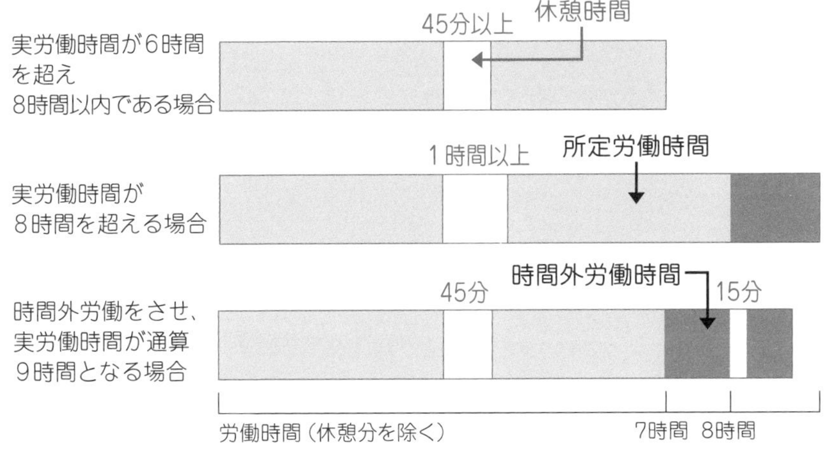

労働時間、休憩、休日の例外

次に掲げる者については、労基法上の「労働時間」「休憩」「休日」の規定は適用されない

農業または水産業等の事業に従事する者

- 天候などの自然的条件に左右されるため、法定労働時間や週休制になじまないものとして、適用除外

監督もしくは管理の地位にある者または機密の事務を取り扱う者

- 労働時間、休憩、休日などに関する規制の枠を超えて活動する必要のある、重要な職務と責任がある立場の者に限り、適用除外

監視または断続的労働に従事する者

- 役員専属自動車運転者、警備員、管理人などで、常態として身体または精神的緊張の少ない者

高度プロフェッショナル制度対象労働者

プラス知識 ❹

●労働時間を適正に把握するために

使用者には労働時間を適正に把握する責務があるため、労働者の労働日ごとの始業・終業時刻を確認し、これを適正に記録する必要があります。

（1）原則的な方法

・使用者が、自ら現認することにより確認すること

・タイムカード、ICカード、パソコンの使用時間の記録等の客観的な記録を基礎として確認し、適正に記録すること

（2）やむを得ず自己申告制で労働時間を把握する場合

①自己申告を行う労働者や、労働時間を管理する者に対しても自己申告制の適正な運用等ガイドラインに基づく措置等について、十分な説明を行うこと

②自己申告により把握した労働時間と、入退場記録やパソコンの使用時間等から把握した在社時間との間に著しい乖離がある場合には実態調査を実施し、所要の労働時間の補正をすること

③使用者は労働者が自己申告できる時間数の上限を設ける等適正な自己申告を阻害する措置を設けてはならないこと。さらに36協定の延長することができる時間数を超えて労働しているにもかかわらず、記録上これを守っているようにすることが、労働者等において慣習的に行われていないか確認すること

第5章

休日・休暇に関する基本ルール

Contents

1 休日の与え方

毎週少なくとも１回与える

労基法では、毎週少なくとも１回（「１回」とは暦日つまり午前０時から午後12時までのことをいいます）の休日を与えればよいことになっています。したがって、土曜日・日曜日を休日とする週休２日制を採用している事業所では、土曜日に出勤させたとしても、その週の日曜日に休みを与えていれば、法律上は問題ありません。この「毎週少なくとも１回」の休日を**法定休日**とよび、就業規則などで労使が決めるところの休日（上の例でいえば土曜日）を**法定外休日**とよびます。

週１回の休日が与えられている限り、国民の祝日（成人の日や勤労感謝の日など）については、休ませなくても法違反とはなりません。

●休日は一斉に？

休日については、休憩時間のように一斉に与える必要はありません。

休日の特定については法令で定められてはいませんが、後で述べる「休日の振替、代休」の点からも、就業規則などで特定しておくべきでしょう。

休日の与え方の例外

年中無休、24時間営業を掲げる店などでは、シフト表を作成する中で「毎週少なくとも１回」の休日を与えることが難しいこともあります。これについて労基法では、「４週間を通じ４日以上の休日を与える」ことを条件に「毎週少なくとも１回」の例外を認めています。

たとえば、次のような休日の与え方をする場合が当てはまります。

①第１週：２日、第２週：ナシ、第３週：１日、第４週：１日

②第５週：ナシ、第６週：１日、第７週：２日、第８週：１日

特定の４週間に４日の休日があればよく、どの４週を区切っても４日の休日が与えられていなければならないものではありませんので、①②どちらの例であっても適法となります。

ただし、この場合、４週間を通じて４日以上の休日を与えることとするその４週間の起算日を、就業規則などで明らかにしておくことが必要です。

週休２日制と「週１回の休日」

［例］土曜日・日曜日が所定休日、そのうちの日曜日が法定休日の場合

法定休日

・労働させた場合には、休日労働の割増賃金の支払い義務がある

法定外休日

法定の「週１回」以外の日について、就業規則などで労使が定めた休日

・労働させても、休日労働の割増賃金の支払い義務はない
・就業規則などで支払い義務があるものと定めること自体は問題ない

●暦日単位で与える

１勤務24時間１昼夜交替制の場合（１勤務が２暦日にまたがっている場合）

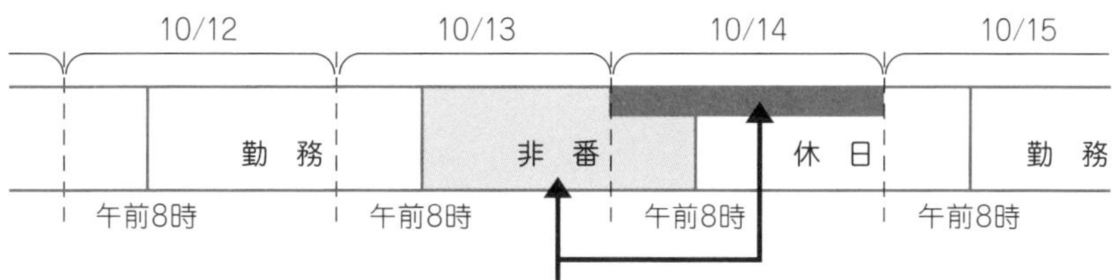

非番の継続24時間（10月13日午前８時から翌14日午前８時まで）では休日とは認められない
上のとおり非番日の翌日にさらに「暦日単位」の休日を与えなければ、法定の休日を与えたことにはならない

2 休日の振替と代休

「休日の振替」とは

休日を前もって決めていても、やむを得ずその休日に労働させる必要が生じることがあります。

休日の振替とは、あらかじめ休日と定められていた日を労働日とし、そのかわりにほかの労働日を休日とすることをいいます。この休日の振替をする場合には、就業規則などにおいてできる限りその具体的事由と振り替えるべき日を定めておきます。また、「振り替えるべき日」については、振り替えられた日以降できる限り近い日が望ましいとされています。

これにより、あらかじめ休日と定められた日が「労働日」となり、そのかわりとして振り替えられた日が「休日」となります。つまり、この場合には、もともとの休日に労働させても「休日労働」とはならず、休日労働に対する割増賃金の支払い義務も発生しません。

休日の振替は、４週４日の休日が確保されるものでなければなりません。たとえば、「毎週日曜日を休日とする」とした月４日の休日が与えられている場合において、仕事の都合により第４日曜日に働かなければならない状況が生じたときは、振り替えた休日が翌月にまたがることがないように注意する必要があります。

さらに、休日を振り替えたことによってその週の労働時間が週の法定労働時間を超えるときは、その超えた分は時間外労働となりますので、いわゆる36協定の締結や割増賃金（100ページ参照）の支払いが必要となります。

「代休」とは

いわゆる**代休**とは、休日労働などが行われた場合に、その代償として以後の特定の労働日を休みとするものであって、前もって休日を「振り替えた」わけではなく、「代休」を与えることで現に休日に働いたことが平日労働扱いとなるものでもありません。したがって、休日労働分の割増賃金を支払う必要があります。逆をいえば、休日労働分の割増賃金を支払ったならば、その日にかわる休日を与える必要はないものとなります。

休日の振替

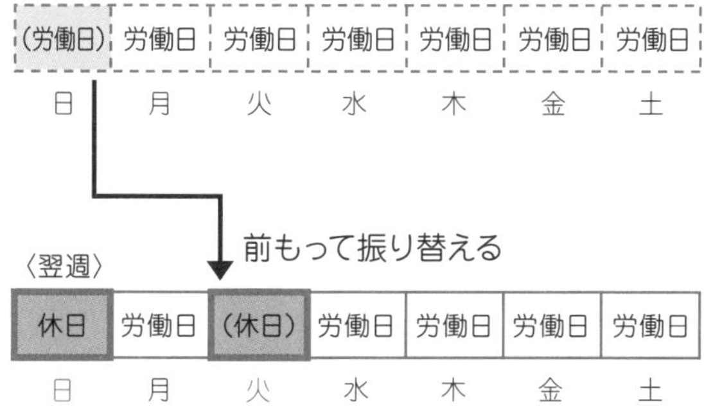

本来、日曜日が休日であるところ、業務の都合から前もって火曜日を休日とし、この日曜日を労働日に振り替える

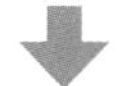

この日曜日に労働させても、休日労働扱いとはならない

代休

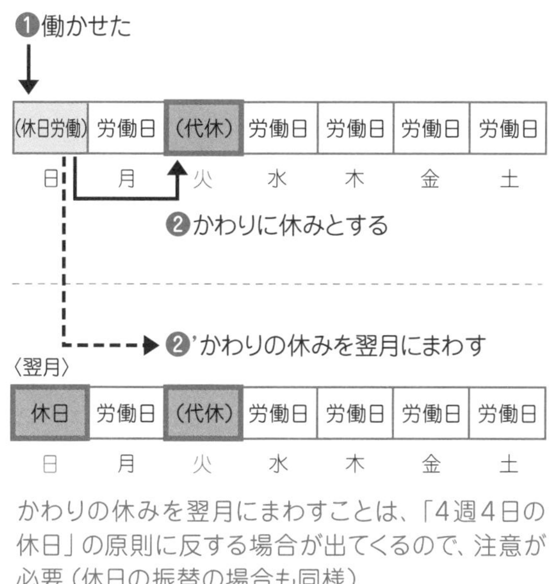

かわりの休みを翌月にまわすことは、「4週4日の休日」の原則に反する場合が出てくるので、注意が必要（休日の振替の場合も同様）

本来、日曜日が休日であるところ、業務の都合で急きょ働かせることとなり、かわりに火曜日を休みとした

- かわりに火曜日を休みにしたとしても、日曜日が休日労働となることには変わりがない（割増賃金の支払いが必要）
- 日曜日の休日労働分の割増賃金を支払えば、かわりの休みを与えなくてもかまわない

3 年次有給休暇の発生

継続勤務したこと

年次有給休暇（以下「年休」といいます）が与えられるためには、①雇い入れの日から起算して６カ月間継続勤務していること、②その間の全労働日の８割以上出勤していることの二つの要件が必要です。

「継続勤務」とは、労働契約の存続期間、つまり在籍期間のことをいいます。この継続勤務に該当するか否かは勤務の実態に即し実質的に判断すべきものであり、実質的に労働関係が続いている限り勤務年数を通算します。たとえば、①定年退職による退職者を引き続き嘱託などとして再雇用している場合、②パート労働者などを正社員に切り替えた場合、③在籍型出向をした場合などは、一般に勤務年数の通算が可能です。

●年休付与の算定基準日の統一

年休は「付与される年度」における最初の日（基準日）に権利が発生するため、入社日が異なると、この基準日も異なります。そこで問題になるのが、４月１日に入社する人もいれば、７月１日に入社する人もいるような場合の取り扱いです。

このようなときには、７月１日に入社した人の基準日をその年の「４月１日」に移すといった「基準日の統一」をすることができます。この場合、労働者保護の面からも、基準日は前倒しにすることが求められます。

全労働日の８割以上勤務

第２の要件である「全労働日の８割以上出勤」については、初年度にこの要件を満たしたとしても、ある年度（右ページの下図参照）でこの要件に満たなかった場合にはその翌年度の年休の権利は発生しません。つまり、基準日からみた毎年度において必要とする要件なのです。

ただし、この図のような場合のときに、２年６カ月から３年６カ月の間に８割以上出勤していれば３年６カ月継続勤務で14日の年休が発生するものであって、付与日数が再度10日からスタートするものではありません（付与日数については、84ページ参照）。

出勤率の算定

出勤日	÷	全労働日
●就労した日 ●業務上の傷病による休業期間 ●育児・介護休業期間 ●産前産後の休業期間 ●年休日		就業規則などで労働日とされている日 ただし、以下のものは除く ❶使用者の責めに帰すべき事由による休業日 ❷不可抗力的事由による休業日 ❸正当なストライキ中の日 ❹ロックアウト（作業所閉鎖）中の日 ❺法定（法定外）休日に労働した日 ❻就業規則などに定められた慶弔休暇の日（就業規則などで、出勤率の算定上欠勤としないとされている場合を除く）

※この式により出勤率が8割を超えていれば、翌年度に所定の年休を与えなければならない

出勤率が８割未満の場合

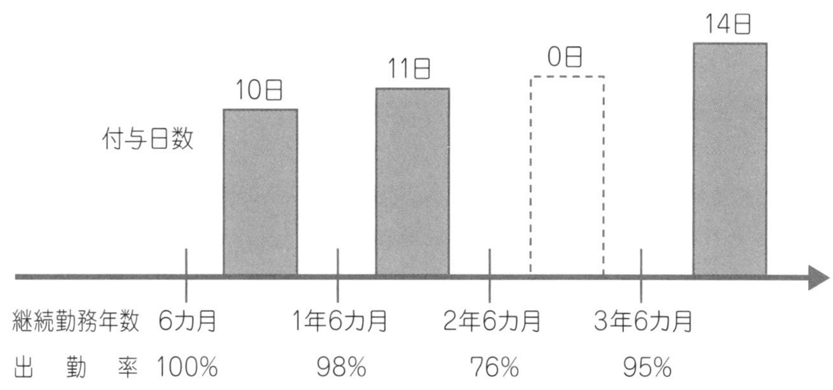

➡継続勤務年数が１年６カ月から２年６カ月における出勤率が８割未満であるため、新たな年休は付与されない

➡２年６カ月から３年６カ月における出勤率が８割以上であるので、３年６カ月継続勤務で14日の年休（10日ではない）が付与される

4 年次有給休暇の与え方

最大20日までの付与日数

６カ月以上継続勤務し全労働日の８割以上出勤した労働者に対して、10日の年休が与えられます。その後１年経過ごとに付与日数は増え、６年６カ月以上継続して勤務したとき、合計20日の年休が与えられます。

継続勤務年数（年）	0.5	1.5	2.5	3.5	4.5	5.5	6.5
付与日数（日）	10	11	12	14	16	18	20

年休は暦日単位で与えられるものです。年休予定日前日の時間外労働が年休予定日当日の午前１時までかかってしまった場合には、日の一部（午前０時から午前１時まで）について働かせているため暦日単位とはならず、この日は年休を与えたことになりません。

なお、半日単位による年休の付与については、労働者がその取得を希望して時季を指定し、これに使用者が同意した場合であって、本来の取得方法による休暇取得の阻害とならない範囲で運用されるのであれば問題ないものとされています。

時間単位の年休

年休について、過半数組合（それがない場合は過半数代表者）との間で労使協定を締結すれば、年５日の範囲内で時間を単位として与えることも可能です。

この労使協定では、①時間単位年休の対象労働者の範囲、②時間単位年休の日数、③時間単位年休１日の時間数のほか、④１時間以外の時間を単位とする場合はその時間数を定めます。

このうち③は、１日分の年休に対応する時間数を、所定労働時間数をもとに定めることをいいます。１時間に満たない端数がある場合は１時間単位に切り上げてから計算をするもので、たとえば、１日の所定労働時間が７時間30分である場合の時間単位年休は、７時間30分を切り上げて８時間となり、８時間×５日＝40時間分の時間単位年休を与えることになります。

週の所定労働日数が短い労働者の年休

●年休は、パート労働者など所定労働日数が通常の労働者に対して少ない人にも与えられる（比例付与）

週所定労働日数	年間所定労働日数		雇い入れ日から起算した継続勤務期間（年）						
			0.5	1.5	2.5	3.5	4.5	5.5	6.5
4日	169～216日	付与日数（日）	7	8	9	10	12	13	15
3日	121～168日		5	6	6	8	9	10	11
2日	73～120日		3	4	4	5	6	6	7
1日	48～ 72日		1	2	2	2	3	3	3

➡年休の基準日に所定労働日数が５日の人がその後４日に変わっても、その「年休の年度」においては「週５日」で扱う

➡１日の所定労働時間が短くても週の所定労働日数が５日以上の場合、あるいは、週の所定労働日数が短くても週の所定労働時間が30時間以上の場合には、この比例付与の対象とはならずに、左ページの表の考え方が適用される

年休を取得した場合の賃金など

●支払うべき賃金を、あらかじめ就業規則などで定めておく

年次「有給」休暇という言葉のとおり、年休を取得した日の賃金について、以下のいずれかの額により支払う必要がある

❶平均賃金

❷所定労働時間労働した場合に支払われる通常の賃金
（臨時に支払われた賃金、割増賃金など所定労働時間以外の労働に対して支払われるものを除く）

❸健康保険法による標準報酬日額に相当する金額
（この場合、労使協定の締結が必要）

●年休を取得したことを理由に
賃金の減額などの不利益な扱いをしてはならない

精皆勤手当や賞与の算定で年休取得日を欠勤扱いにするなど、年休の取得を抑制するようなことは不可

5 時季指定権と時季変更権

年休の時季指定

旅行の計画や官公庁への手続きなどのために、年休の日をあらかじめ決めておきたいときがありますが、労基法では、労働者が請求する時季に年休を与えることとしていますので、この場合、使用者は指定された日に与える必要があります。このとき、労働者がどう利用するかは本人の自由です。

●年５日の年休の確実な取得（使用者による時季指定）

使用者は、10日以上の年休が付与される労働者に対し、５日については、毎年、時季を指定して与えなければなりません。ただし、労働者の時季指定や計画的付与により取得された年休の日数分については、指定の必要はありません。

なお、年休に関しては、時季や日数、基準日を労働者ごとに明らかにした年次有給休暇管理簿を作成する必要があります。

年休の時季変更

その一方で、労働者から指定された時季に年休を与えることが事業の正常な運営を妨げる場合には、その時季を変更することができます。たとえば、年末・年度末のような繁忙期や、風邪を引いて休んでいる人が多く人員配置の面で問題が生じる場合などが考えられます。

「事業の正常な運営を妨げる場合」かどうかは、その事業場を基準として、事業規模、内容、労働者の担当業務、作業の繁閑、代行者の配置の難易などを考慮して、客観的に判断されるべきとしています。

ところで、いったん年休を認めたその日になって急用が発生したときに、年休をとっている労働者を呼び出すことができるのでしょうか。年休とは労働者が自由に利用できることを目的としていますので、労働者の同意がない限り使用者の都合で呼び出すことはできません。もし、労働者の同意のもと呼び出した場合には、出勤させた時間がたとえわずかであっても、「暦日単位の付与」の考え方から、その日は年休を与えたことにはなりません。

年休の時季指定と時季変更

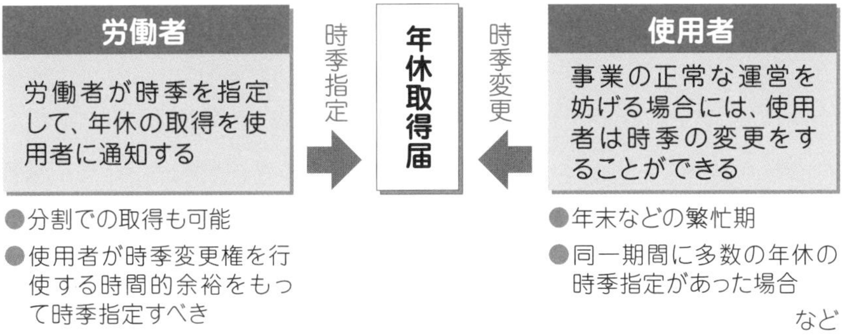

労働者

労働者が時季を指定して、年休の取得を使用者に通知する

時季指定 →

年休取得届

← 時季変更

使用者

事業の正常な運営を妨げる場合には、使用者は時季の変更をすることができる

- 分割での取得も可能
- 使用者が時季変更権を行使する時間的余裕をもって時季指定すべき

- 年末などの繁忙期
- 同一期間に多数の年休の時季指定があった場合

など

●使用者による時季指定

時季を指定して年休を与える場合は、あらかじめこの義務によって年休を与えることを労働者に明らかにしたうえで、その時季について労働者の意見を聴く。その際、労働者の意見を尊重するよう努める必要がある

年休の繰り越し

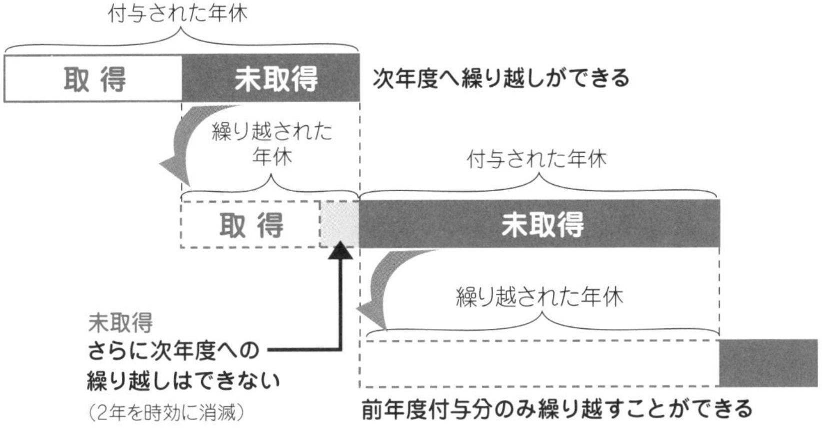

付与された年休

取得	未取得

次年度へ繰り越しができる

繰り越された年休

付与された年休

取得		未取得

繰り越された年休

未取得
さらに次年度への繰り越しはできない
（2年を時効に消滅）

前年度付与分のみ繰り越すことができる

6 年次有給休暇の計画的付与

計画的付与の方法

年休の計画的付与の方法としては、①会社または事業場全体の休業による一斉付与、②班・グループ別の交替制付与、③年休の付与計画表による個人別付与などが考えられます。こうして計画的に与えるためには、具体的な年休の付与日のほか、③の場合ならば計画表を作成する時期や手続きなどについて、労使協定で定めます。

いったん決められたこの年休については、労働者の時季指定および使用者の時季変更ともにすることができません。これを認めてしまうと、年休を計画的に与える意義そのものが崩れてしまうからです。

計画的付与の範囲

そもそも年休とは労働者が自由に利用できるものであるため、この計画的付与の対象とされるのは、年休のうち5日を超える部分までと制限されています。つまり、年休日数が10日の人は5日、15日の人は10日まで計画的に年休を与えることができます。

この年休の日数のうち5日を超える部分については、前年度から繰り越された年休がある場合にはその年休も含めることができます。したがって、前年度から年休が4日繰り越され、今年度18日分の権利が発生する人については、あわせた22日の年休のうちの5日を超える部分（17日）を計画的付与の対象とすることが可能です。

ところで、管理監督者や監視・断続的労働に従事する者などについては、労働時間や休憩、休日などについて適用が除外されていますが（52ページ参照）、年休についてはほかの労働者と同様に与えなければならず、管理監督者にも年休の計画的付与が適用されます。しかし、事業運営上、年休を計画的に与えることがかえって適当でない人もいますので、労使協定を結ぶ際にはその点も考慮する必要があります。

年休の計画的付与

●会社または事業場全体での一斉取得

たとえば、ゴールデンウイークなどで飛び石連休となるときに、工場を一斉に休業させる場合

［例］４月30日、５月１日および５月２日は、この協定により計画的に付与される休暇日として、従業員の有する年休をあてるものとする

●班・グループ別の交替取得

たとえば、グループごとに週をずらして設定し、年休取得を促進させる

［例］各社員が保有する年休のうち５日分については、次のとおりA ～ Cまでの三つのグループに分けて与えるものとする

A：8月4日～ 8月8日　B：8月18日～ 8月22日　C：8月25日～ 8月29日

●個別に取得

たとえば、年休計画表を作成して、配分する

計画的付与の対象

付与日数

5日	5日を超える部分

計画的付与の対象とすることができる

年休の日数が10日の労働者であれば5日、20日の労働者であれば15日まで計画的に与えることができる

年休が５日以下の人（新入社員や８割要件に満たなかった人など）がいる場合には、次のような措置をとることで、一律にその日を休みとする

・特別の有給休暇を与える

・年休の日数を増やす

⇔このような措置をとらずに労働者を休業させる場合には、会社都合の休業として休業手当の支払いが必要

7 産前・産後休業、育児時間

産前・産後休業

６週間（多胎妊娠の場合には14週間）以内に出産する予定の女性が休業（**産前休業**）を請求した場合、使用者はこの労働者を働かせることはできません（女性から請求がない限り、働かせることは可能です）。

また、妊娠中の女性が請求した場合には、負担を軽くするためにほかの軽易な業務に変更する必要がありますが、そのためにわざわざ新たに軽易な業務をつくる必要はありません。

一方、産後８週間を経過しない女性は、請求の有無を問わず働かせることはできません（**産後休業**）。ただし、産後６週間を過ぎた女性が請求した場合であって働くことに支障がないと医師が認めた業務に就かせることは、問題ないとされています。

妊産婦の労働時間

妊娠中の女性および産後１年を経過しない女性（以下「妊産婦」といいます）が請求した場合には、時間外労働、休日労働または深夜労働をさせることはできません。管理監督者（52ページ参照）については、妊産婦であっても、時間外労働、休日労働をさせることはできますが、深夜労働については適用が除外されず、請求があった場合にはその範囲で深夜労働が制限されます。

また、重量物を取り扱う業務や危険有害業務に妊産婦を就かせることもできません。

育児時間

生後満１歳未満の子を育てる女性は、通常の休憩時間のほかに、１日２回それぞれ少なくとも30分の育児時間を請求することができます。請求された場合、使用者はその育児時間中の女性を働かせることはできません。このとき、この育児時間を有給とするか無給とするかは、労使間の自由です。

産前・産後

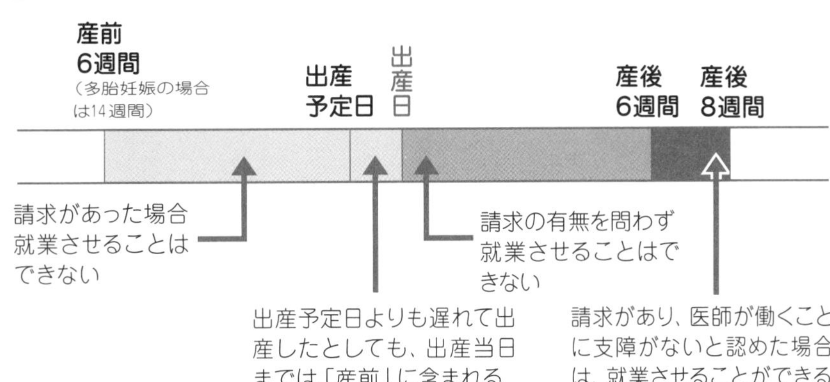

妊産婦の労働時間など

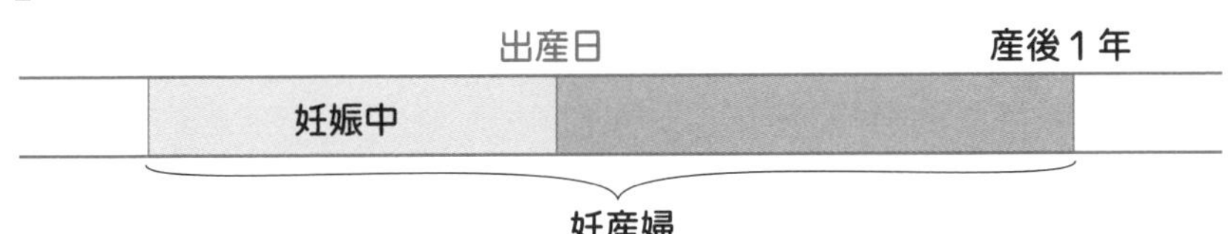

●妊娠中のものが請求した場合

ほかの軽易な業務に転換させせなければならない

●妊産婦が請求した場合

❶変形労働時間制の規定にかかわらず、1日8時間、1週40時間を超えて労働させることはできない

❷災害その他避けることができない事由や36協定にかかわらず、時間外労働、休日労働をさせてはならない

➡❶❷について、管理監督者には適用されない

❸深夜業をさせてはならない

➡❸については、管理監督者も適用される

8 育児休業、介護休業

育児休業や介護休業に関しては、育児・介護休業法によって必要な事項が定められています。

育児休業

育児休業は、労働者が、原則としてその１歳未満の子を養育するためにする休業です。一定の場合においては子が１歳２カ月、保育所等に入所できないなどの理由がある場合は１歳６カ月、それでも保育所等に入所できないなどの理由がある場合は２歳に達する日までの連続した期間、休業を取得することができます。

また、父母ともに育児休業をする場合は、子が１歳２カ月に達する日までの間の１年間、育児休業の取得が可能です（これを「パパ・ママ育休プラス」とよんでいます）。

介護休業

介護休業は、労働者が要介護状態にある対象家族（配偶者〔事実婚を含みます〕、父母および子、配偶者の父母など）を介護するための休業です。「要介護状態」とは、負傷、疾病または身体上もしくは精神上の障害により、２週間以上の期間にわたり常時介護を必要とする状態をいいます。

介護休業の期間は、対象家族１人につき、通算93日までであり、３回まで分割が可能です。

不利益取り扱いの禁止、配置に関する配慮

妊娠・出産したことや、育児休業・介護休業などの申し出・取得をした労働者に対して不利益な取り扱いをしないよう、また、上司や同僚などからのハラスメントを防止するために、その講ずべき措置等について男女雇用機会均等法や育児・介護休業法で定められています。

また、就業場所の変更を伴う配置の変更によって、就業しながら子の養育や家族の介護を行うことが困難となる労働者がいるときは、その子の養育や家族の介護の状況に配慮する義務も使用者にはあります。

育児・介護に関する制度

制度	概要	
子の看護休暇	小学校就学の始期に達するまでの子を養育する労働者が申し出る場合	１年に５日（子が２人以上の場合は10日）まで、子の看護または子に予防接種や健康診断を受けさせるために休暇の取得が可能（時間単位も可）
介護休暇	要介護状態にある対象家族の介護その他の世話を行う労働者が申し出る場合	１年に５日（対象家族が２人以上の場合は10日）まで、介護その他の世話を行うために休暇の取得が可能（時間単位も可）
所定外労働の制限	３歳未満の子を養育する労働者が子を養育するため、または要介護状態にある対象家族を介護する労働者がその家族を介護するために請求した場合	事業主は所定労働時間を超えて労働させてはならない
時間外労働の制限	小学校就学の始期に達するまでの子を養育する労働者がその子を養育するため、または要介護状態にある対象家族を介護する労働者がその家族を介護するために請求した場合	事業主は１カ月24時間、１年150時間を超えて時間外労働をさせてはならない
深夜業の制限		事業主は午後10時から午前５時（深夜）において労働させてはならない
所定労働時間短縮の措置	３歳未満の子を養育する労働者に関して	１日の所定労働時間を原則として６時間とする短時間勤務制度を設けなければならない
所定労働時間短縮等の措置	要介護状態にある対象家族を介護する労働者に関して	所定労働時間短縮制度やフレックスタイム制度等の措置を講じなければならない

プラス知識 ❺

●記録の保存と時効

労基法などにおいては、記録の保存義務とその期間を以下のように定めています。この規定に反した場合には、30万円以下の罰金が科せられます。

一方、賃金などの請求権については時効が定められており、その期間を過ぎてしまうと、その権利を失ってしまうこととなります。

■記録の保存期間：5年（当分の間は3年）

労働者名簿	—
賃金台帳	—
雇い入れに関する書類	雇入決定関係書類、契約書、労働条件通知書、履歴書など
解雇に関する書類	解雇決定関係書類、予告手当または退職手当の領収書など
災害補償に関する書類	診断書、補償の支払、領収関係書類など
賃金に関する書類	賃金決定関係書類、昇給減給関係書類など
その他の労働関係に関する重要な書類	出勤簿、タイムカードなどの記録、労使協定の協定書、各種許認可書、始業・終業時刻など労働時間の記録に関する書類、退職関係書類など

■時効

賃金請求権 ・金品の返還 ・賃金の支払い ・休業手当 ・時間外・休日労働等に対する割増賃金　など	5年（当分の間は3年）
退職金の請求権	5年

第6章

賃金のとらえ方と基本ルール

Contents

1 賃金の範囲

給料、手当、賞与

労基法には、「賃金とは、賃金、給料、手当、賞与その他名称の如何を問わず、労働の対償として使用者が労働者に支払うすべてのものをいう」と規定されています。この**給料**には、基本給、能力給、資格給など、いわば給与明細に「給与」として掲げられている金銭すべてが該当し、月給制、年俸制など支給の方法は問いません。

一方、賃金は「通貨」で支払うこととしていますので（98ページ参照）、労働協約で別段の定めをしない限り、実物給与は原則、禁止されています。しかし、賃金が生活の糧であることを考えれば、通貨で支払われるべきであり、そもそも実物給与が賃金か否かは別問題といえます。

手当には、家族手当、食事手当など、一見労働とは直接関係がないような名称であっても、「労働の対償として」「使用者が労働者に支払う」ものであれば、すべて含まれます。

また、**賞与**とは、定期または臨時に、原則として労働者の勤務成績に応じて支給されるものであって、その支給額があらかじめ確定されていないものをいいます。支給回数、支給形態は問いません。

その他賃金と認められるもの、認められないもの

●任意的、恩恵的なもの

長年の勤務に対する恩恵的なものが退職金だといえますが、労働条件の一つとして労使間であらかじめ支給条件が明確に定められており、使用者の義務とされている場合は、賃金に該当します。なお、退職金制度があるならば、①適用される労働者の範囲（正社員のみかパートタイム労働者なども含むのかなど）、②退職金の決定、計算および支払いの方法（一時金で支払うのか年金で支払うのかなど）、③退職金の支払いの時期について、就業規則に定めておきます。

●実費弁償的なもの

旅費や社用のために支給される役職員交際費などは、賃金には含まれません。

賃金は「使用者が労働者に支払うすべてのもの」

賃金、給料、手当、賞与その他名称のいかんを問わず、労働の対償として使用者が労働者に支払うすべてのものをいう

賃金に該当する	賃金には該当しない
従業員が客から受け取ったチップをいったん使用者が回収し、その全額を均等配分するような場合	従業員が客から直接受け取るチップ

賃金は「労働の対償」

●任意的、恩恵的なものであるか否か

賃金となる	賃金ではない
・労働協約、就業規則などで支給条件が明確にされている慶弔見舞金、退職金など ・臨時に支給されるものとみられるものであっても、その支給が前例もしくは慣習として労働者に期待されているような実物給与	・使用者が任意に慶弔見舞金などを与える場合 ・祝日や会社の創立記念日に対して支給される実物給与

●福利厚生であるか否か

賃金となる	賃金ではない
・住宅の貸与を受けない人に対しても与える定額の手当 ・事業主が代わって負担する所得税や社会保険料の本人負担部分	・住宅の貸与（原則） ・食事の供与（※） ・制服

※「食事の供与のために賃金の減額を伴わないこと」「食事の支給が就業規則などに規定されていないこと」「食事の供与による利益の客観的評価額が、社会通念上ごく少ないものと認められるものであること」の要件を満たす限り、福利厚生であって賃金ではない

2 賃金支払いの5原則

「通貨で」「直接労働者に」「その全額」を支払うこと

●通貨払いの原則

賃金は「通貨」で支払わなければならないため、いわゆる実物給与は禁止されています（96ページ参照）。預貯金口座への賃金の振り込みについては、「労働者の同意を得た場合」に可能ですが、この同意は個々の労働者に対して必要であり、労使協定などで一括して認められるものではありません。

●直接払いの原則

賃金は直接労働者に支払われなければならないものであり、労働者本人以外、たとえば労働者の家族や法定代理人に対して支払うことはできません。しかし、労働者本人が病気のために、かわりの人が使者として受け取るような場合は、これに反しないものとされています。

●全額払いの原則

賃金はその全額を支払わなければなりません。ただし、所得税や社会保険料などほかの法令により賃金控除が認められている場合や、社宅料や積立金を控除することをあらかじめ労使協定で取り決めている場合は問題ありません。

「毎月1回以上」「一定の期日を定めて」支払うこと

●毎月払いの原則

賃金は毎月少なくとも1回は支払うものとされています。そのかわり、賃金締め切り期間を暦月でしばるものではなく、「前月の21日から当月の20日まで」を一つの期間として支払うことも可能です。

●一定期日払いの原則

「毎月20日」のように、期日を特定して賃金を支払わなければなりません。一定のものであれば、月給について「毎月末」、週給について「土曜日」のようにすることも差し支えないですが、月給制について「毎月第3土曜日」のように月7日の範囲で変動するような決め方は認められません。

なお、退職金などの「臨時に支払われる賃金」や「賞与」などについては、その性格上、例外として認められています。

賃金計算での端数の扱い

●割増賃金の計算上の端数処理

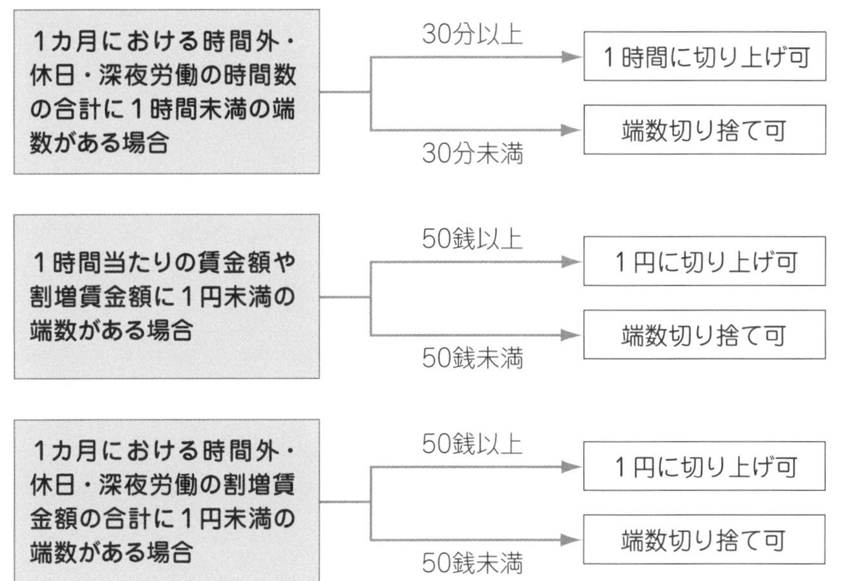

●1カ月における時間外労働、休日労働、深夜労働の割増賃金総額の端数処理

1カ月の賃金支払額に100円未満の端数がある場合

➡50円未満の端数を切り捨て、それ以上を100円に切り上げることはかまわない

1カ月の賃金支払額に生じた1,000円未満の端数を翌月に繰り越す

➡翌月の賃金支払日に繰り越して支払うことはかまわない

●遅刻、早退、欠勤などの時間の端数処理

5分の遅刻を30分の遅刻として賃金をカットする（働いた25分について丸めて計算する）

➡賃金の全額払いの原則に反して違法

3 割増賃金

割増賃金の額

法定労働時間（１週40時間、１日８時間）を超える時間外労働や深夜労働、休日労働に対する割増賃金は、次のような率で支払う必要があります（１カ月60時間を超える法定時間外労働については、102ページ参照）。

①時間外労働＝通常の賃金の２割５分増以上

②休日労働＝通常の賃金の３割５分増以上

③深夜労働（午後10時から午前５時までの間の労働）＝通常の賃金の２割５分増以上

④時間外労働＋深夜労働＝通常の賃金の５割増以上

⑤休日労働＋深夜労働＝通常の賃金の６割増以上

「休日労働+時間外労働」については、休日の労働時間が８時間を超えても、深夜業に該当しない限りは通常の賃金の３割５分増以上となります。

ところで、１日の時間外労働について割増賃金が発生するのは、あくまでも法定の「８時間」を超えた場合です。所定労働時間が７時間と定められている場合の「法定労働時間－所定労働時間＝１時間」分の時間外労働については、法定労働時間内であるため割増賃金の支払い義務は生じません。

休日労働については、法定休日に対してのみ支払い義務が生じ、法定外休日（土曜日・日曜日の週休２日制をとる場合で日曜日を法定休日とみたときの土曜日）に働かせても、割増賃金の支払いは不要です。しかしながら、法定外休日に働かせたことによって週の法定労働時間を超えた場合には、その超えた分の割増賃金の支払い義務が発生します。

割増賃金の計算の基礎となる賃金

割増賃金の計算の基礎となる賃金は、原則として通常の労働時間または労働日の賃金、すなわち所定労働時間内に働いた場合に支払われる賃金です。

ただし、①家族手当、②通勤手当、③別居手当、④子女教育手当、⑤住宅手当、⑥臨時に支払われた賃金、⑦１カ月を超える期間ごとに支払われる賃金については、割増賃金の計算の基礎となる賃金からは除外します。

割増率

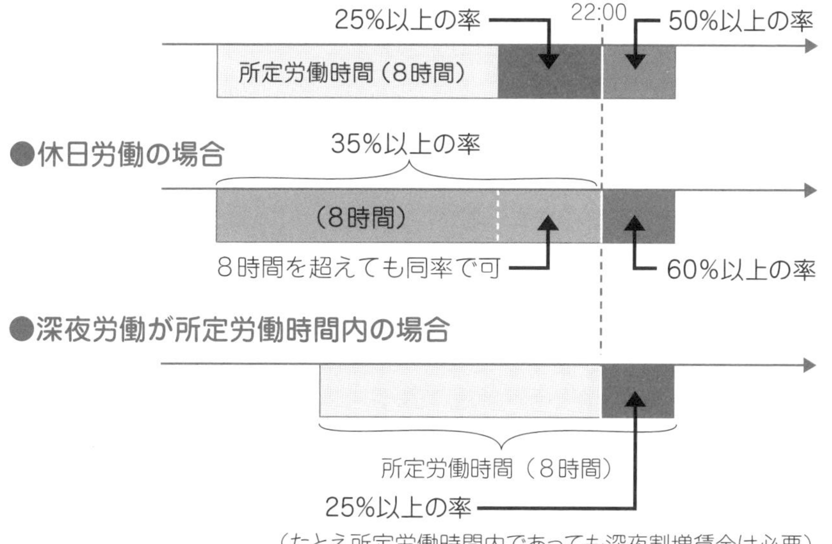

除外できる手当の具体例

●家族手当の場合

扶養家族の人数またはこれを基礎とする家族手当額を基準として算出した手当は、割増賃金の基礎から除外できる

（例）扶養義務のある家族１人につき、１カ月当たり配偶者に１万円、その他の家族に5000円を支給する場合

●通勤手当の場合

通勤距離または通勤に要する実際費用に応じて算定される手当は、割増賃金の基礎から除外できる

（例）６カ月定期券の金額に応じた費用を支給する場合

●住宅手当の場合

住宅に要する費用に応じて算定される手当は、割増賃金の基礎から除外できる

（例）賃貸住宅居住者には家賃の一定割合を、持家居住者にはローン月額の一定割合を支給する場合

4 月60時間を超える法定時間外労働の割増賃金

5割以上の割増率が適用される

法定労働時間（1週40時間、1日8時間）を超える時間外労働（法定時間外労働）については、2割5分以上の割増賃金を支払いますが、1カ月60時間を超える法定時間外労働に対しては、5割以上の率で計算した割増賃金を支払わなければなりません（一定規模の中小企業は、2023年3月31日まで適用が猶予されます）。

この1カ月60時間を超える法定時間外労働の算定には、法定休日（たとえば日曜日）に行った労働は含まれませんが、法定外休日（たとえば土曜日）に行った法定時間外労働は含まれます。なお、深夜労働の時間帯に1カ月60時間を超える法定時間外労働を行わせた場合、その割増賃金率は7割5分以上（深夜割増2割5分以上＋時間外割増5割以上）です。

引き上げ分の割増賃金のかわりに付与する代替休暇

1カ月60時間を超える法定時間外労働時間に対する引き上げ分の割増賃金のかわりに、有給の休暇（**代替休暇**）を与えることができます。この制度を導入するには、過半数組合（ない場合には過半数代表者）との間で代替休暇の時間数の具体的な算定方法などを定める必要がありますが、個々の労働者が実際に代替休暇を取得するか否かは労働者の意思により決定されます。

●代替休暇の時間数の具体的な算定方法

代替休暇の時間数＝（1カ月の法定時間外労働時間数－60）×換算率

※換算率＝代替休暇を取得しなかった場合に支払うこととされている割増賃金率－代替休暇を取得した場合に支払うこととされている割増賃金率

一例をあげると、代替休暇を取得しなかった場合に支払うこととされている割増賃金率が1.50、代替休暇を取得した場合に支払うこととされている割増賃金率が1.30としたときの法定時間外労働時間が80時間の場合、代替休暇の時間数は「（80（時間）－60）×0.20（換算率）＝4時間」となります。

1カ月の法定時間外労働が60時間を超える場合

［例］平日は毎日３時間法定時間外労働をし、所定休日の11日（土曜日）に４時間労働し、法定休日の12日（日曜日）に２時間労働した場合

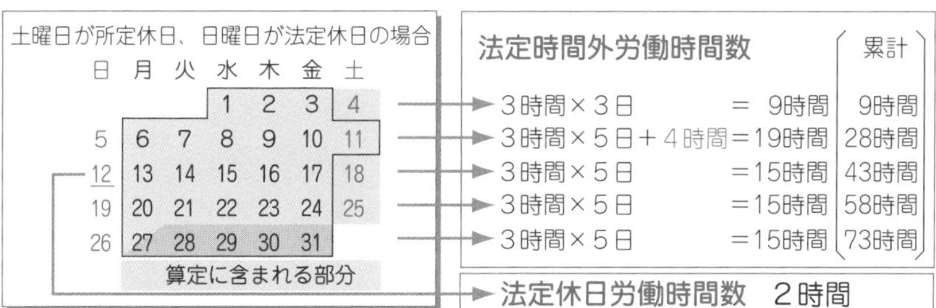

➡法定時間外労働時間数の累計が１カ月60時間を超える「27日（月曜日）の時間外労働３時間目」から、割増賃金率が５割となる

代替休暇

●１カ月に80時間の法定時間外労働を行った場合

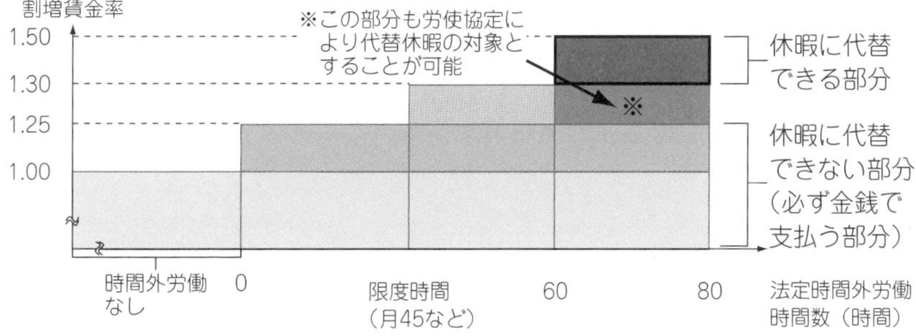

●労使協定で定める事項

❶代替休暇の時間数の具体的な算定方法
❷代替休暇の単位：１日、半日、１日または半日のいずれかによって与える
❸代替休暇を与えることができる期間：法定時間外労働が１カ月60時間を超えた月の末日の翌日から２カ月間以内の期間
❹代替休暇の取得日の決定方法、割増賃金の支払日

5 休業手当

使用者の責めに帰すべき事由

働いていない人には賃金を支払わない「ノーワーク・ノーペイの原則」と異なり、会社都合による場合など「使用者の責めに帰すべき事由による休業」については、その休業期間中は、労働者に対して平均賃金（106ページ参照）の100分の60以上の休業手当を支払わなければなりません。

使用者の責めに帰すべき事由とは、地震や災害などの不可抗力による場合を除き、資材が集まらなかったために作業ができなかった場合や機械の故障により休業せざるを得なかった場合など、会社都合によるものをいいます。したがって、健康診断の結果に基づき労働者に対して休業を指示した場合などは、使用者の責めに帰すべき事由とはなりません。

平均賃金の100分の60以上

休業手当は、休業日ごとに支払わなくてもよく、賃金支払日に一括して支払えば足りるものです。

１日のうちの一部を使用者の責めに帰すべき事由により休業させた場合には、労働した時間の割合ですでに賃金が支払われていても、その日について全体として平均賃金の100分の60までは支払わなければならないため、現実に働いた時間に対して支払われる賃金が平均賃金の100分の60に相当する額に満たないのであれば、その差額を支払う必要があります（右ページ参照）。

自宅待機と一時帰休

会社業績の悪化などを理由に、業績が回復するまでの間、社員に自宅待機を命じる場合には、その期間において休業手当を支払わなければなりません。

会社業績などの都合により在籍させたままいったん仕事を休んでもらい、また業績がよくなって必要となれば復帰させる「一時帰休」の場合には、会社に在籍している以上、この期間中は休業手当の支払い義務があります。

1日の一部について休業させたとき

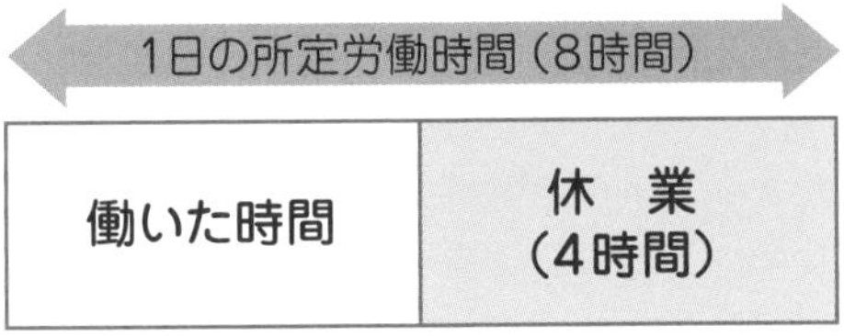

1日の所定労働時間（8時間）

働いた時間	休　業 （4時間）

実際に働いた時間（4時間）分の賃金（4,000円）が、1日の平均賃金の100分の60（4,800円）に満たないので、その差額を支払う

1日の平均賃金：8,000円

4,800円 − 4,000円 ＝ 800円　**の休業手当を支払う**

参考 労災における休業補償の場合

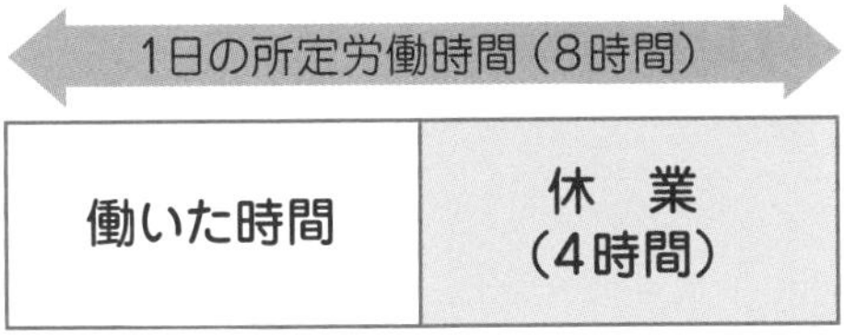

1日の所定労働時間（8時間）

働いた時間	休　業 （4時間）

実際に働いた時間の長さにかかわらず、1日の平均賃金（8,000円）と実際に働いた時間（4時間）分の賃金(4,000円)との差額（4,000円）の100分の60を支払う

1日の平均賃金：8,000円

$$(8{,}000円 - 4{,}000円) \times \frac{60}{100} = 2{,}400円$$ **の休業補償をする**

休業手当の支払いの要否

●休業期間中の休日

就業規則などで休日とされている日については不要

●代休日

使用者の責めに帰すべき事由によるものとは違うので不要

●解雇予告期間中

解雇予告期間中であっても、その間働かせずに自宅待機などをさせているのであれば必要

●ロックアウト（作業所閉鎖）

正当な争議行為である以上は不要

6 平均賃金

平均賃金の算定が必要な場合

平均賃金の算定が必要になるケースとしては、解雇予告手当を支払う場合や使用者の都合によって労働者を休業させる際に休業手当を支払う場合、年休取得中の賃金に関する場合などがあります。

平均賃金の算定方法

平均賃金は、次の式により算定します。

$$\frac{\textbf{算定すべき事由の発生した日以前３カ月間の賃金}}{\textbf{その期間の総日数（暦日数）}}$$

「その期間の総日数」とは総暦日数のことであり、その期間中の労働日数ではありません。

●算定期間

条文では「算定すべき事由の発生した日以前３箇月間」とありますが、算定事由が生じた当日は、休業などにより平均賃金の算定に向かない面があるためこの期間には含めず、「その前日からさかのぼる３カ月」を算定期間とします。また、賃金締め切り日がある場合には、その直前の賃金締め切り日から起算します。

この３カ月間に、①業務上負傷し、または休業した期間、②産前産後休業期間、③使用者の責めに帰すべき事由により休業した期間、④育児・介護休業期間、⑤試用期間がある場合には、平均賃金が不当に低くなることを避けるために、これら期間の日数および賃金を上に掲げた式から除きます。

●賃金

「賃金」の総額には、通勤手当や年休の賃金など、労基法にいう賃金のすべてが含まれます。

上記の式の分子である賃金の総額には、①臨時に支払われた賃金（結婚手当、私傷病手当など）、②３カ月を超える期間ごとに支払われる賃金（年２回の賞与など）、③通貨以外のもの（いわゆる実物給与）で支払われた賃金で一定のものは算入しません。

平均賃金の算定例

●5日分の休業手当を算定する場合

算定すべき事由の発生した日以前3カ月間の賃金＝ 900,000円
その期間の暦日数＝ 92日

［平均賃金の計算］

$$\frac{900{,}000}{92} = 9{,}782.608\cdots \Rightarrow 9{,}782\text{円}60\text{銭}$$

（銭未満の端数は切り捨てる）

［休業手当の支払額］

$$9{,}782\text{円}60\text{銭} \times \frac{60}{100} = 5{,}869.56 \Rightarrow 5{,}870\text{円}$$

（1円未満の端数は四捨五入）

5,870円 × 5日 ＝ 29,350円（5日分の休業手当）

賃金の総額に含まれるもの

●賃金ベースが遡及して改定された場合

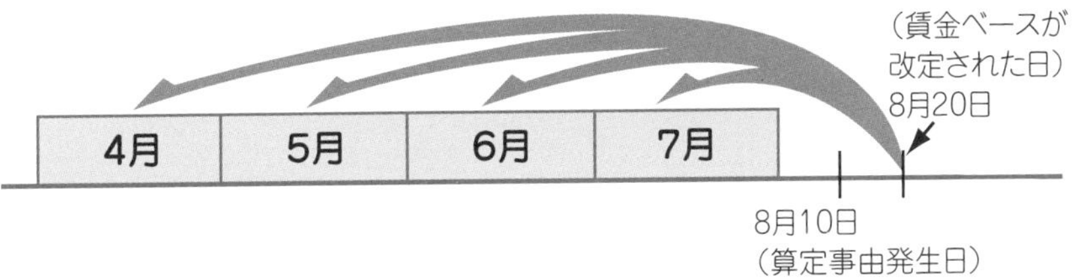

平均賃金は「算定事由発生時」において算定するものであるため、すでに算定事由が発生（8月10日）した後に賃金ベースが改定されたのであれば、「旧ベース」によって算定する

➡上記の場合で８月25日に算定事由が発生したときは追加額を含めることになる

●通勤手当

平均賃金の計算上、賃金に算入する

➡6カ月定期券であっても、各月分の賃金の前払いとして算定基礎に含まれる

7 賃金からの控除と賃金カット

賃金からの控除

賃金は、「全額払いの原則」により、一部を控除して支払うことができないことは先に述べました（98ページ参照）。しかし、法令に別段の定めがある場合や労使協定で定められている場合には、賃金の一部を控除して支払うことができます。

法令には、給与所得に対して所得税などの源泉徴収を認める所得税法や地方税法、保険料の控除を認める健康保険法、厚生年金保険法、労働保険徴収法の規定などがあります。

労使協定で定める場合は、控除の対象となる具体的な項目や控除を行う賃金支払日について記載しておきます。

この控除額については、控除される金額が賃金の一部である限り基本的にその額についての限度はありませんが、民法や民事執行法の規定により、一賃金支払期の賃金額の４分の３に相当する部分（その額が33万円を超えるときは33万円）については使用者側から相殺することはできない（つまり、労働者の同意なしには不可）とされていますので、注意が必要です（退職金については、その退職金額の４分の３に相当する部分が、相殺できない部分です）。

賃金カット

減給の制裁をするには、あらかじめ就業規則で明文化しておく必要があります。ただし、遅刻・早退をした分の賃金を差し引くことは、「ノーワーク・ノーペイの原則」から、この制裁には含まれません。

一つの事案に対しては、減給の総額が平均賃金の１日分の半額を超えないようにします。減給の事案が数度にわたる場合には、その減給総額が賃金支払期間における賃金総額の10分の１以内でなければなりません。もし、これを超える減給の事案が生じたならば、その超えた部分は次の賃金支払期間において対応する必要があります。

賞与も賃金であるため、同様の考え方をとりますが、勤務評価によって賞与の額を減額支給することは、その性格上、「減給の制裁」には該当しません。

賃金控除に関する協定書

賃金控除に関する協定書（例）

株式会社○○と○○労働組合は、労働基準法第24条第１項ただし書に基づき、賃金控除に関し、下記のとおり協定する。

記

1.　株式会社○○は、毎月25日、賃金支払いの際、法令に基づくもののほか、次に掲げるものを控除して支払うことができる。
　(1)　借り上げ社宅料
　(2)　勤労者財産形成促進法に基づく財形貯蓄預入金
　(3)　旅行積立金
　(4)　共済会費
2.　この協定は、○年○月○日から有効とする。
3.　この協定は、いずれかの当事者が文書による破棄の通告をしない限り、効力を有するものとする。

○年○月○日

使用者職氏名
株式会社○○　代表取締役　○○○○　印
従業員代表
○○労働組合　執行委員長　○○○○　印

減給の制裁

●遅刻・早退の時間に対する賃金不支給

ノーワーク・ノーペイの原則により、この部分の賃金はそもそも発生しない
→減給の制裁には当たらない

●減給制裁の１回の額

１日の平均賃金

減給の制裁

１回の減給処分は、平均賃金の１日分の半額を超えてはならない

プラス知識 ❻

●お役立ちホームページアドレス

厚生労働省 https://www.mhlw.go.jp/
労働条件や賃金・労働時間などをはじめとする行政分野ごとの情報や、厚生労働省管轄の法令・通知などの検索ができます
ハローワークインターネットサービス https://www.hellowork.mhlw.go.jp/
求人情報をはじめとする雇用関係の情報を提供、雇用保険の各種手続きや助成金に関する情報なども提供しています
都道府県労働局 https://www.mhlw.go.jp/kouseiroudoushou/shozaiannai/roudoukyoku/index.html
各都道府県の労働基準関係・安全衛生関係などのトピックスから、制度・手続きなどに関する情報を提供しています（各道府県労働局のホームページにリンクしています）
e-Govポータル https://www.e-gov.go.jp
各府省がホームページで提供している行政情報についての総合的なポータルサイト。行政手続き案内や法令検索などを利用することができます
政府統計の総合窓口（e-Stat） https://www.e-stat.go.jp
各府省等が公表する統計データを一つにまとめた、政府統計のポータルサイトです

第7章

退職・解雇の手続きと基本ルール

Contents

1 退職の手続き

自己都合退職・会社都合退職

転職など労働者の都合による場合（**自己都合退職**）、退職願を提出して会社との労働契約の解除を申し入れ、それが受理されることによって退職へ、というのが一つの流れです。期間の定めのある契約（有期労働契約）を除けば、残務整理や引き継ぎを考えると、「退職希望日の１カ月前までに退職届を提出する」などの規定を設けておくほうがよいでしょう。

一方、整理解雇や会社の倒産による解雇など、会社の経営上の都合により余儀なくされた退職を「**会社都合退職**」といい、希望退職の募集のように自発的な退職を促すものも当てはまります。

有期労働契約の場合

建設現場に１年間の契約で雇われているような有期労働契約では、その期間が満了すれば契約が終了し、労働者は退職することになります。

しかし、有期労働契約であっても契約更新を繰り返しながら一定の期間雇用し続けていたような場合は、期間満了を理由に退職させる（いわゆる「**雇止め**」）といったことが認められないケースもあるので、注意が必要です。

退職の手続き

退職者の賃金は給与の支払日があればその日までに支払えば問題はなく、退職金は労使協定などで定めた期日までに支払えば足ります。ただし、労働者が退職した際に本人（本人が死亡した場合には、その権利者）から請求があった場合には、７日以内に賃金を支払い、貯蓄金など労働者の金品を返還しなければなりません（退職金は、上記協定などで定めた期日まででよいとされています）。

退職時の証明として、使用期間や業務の種類、その事業における地位、賃金または退職の事由（解雇の場合は、その理由）について労働者から請求されたときは、遅滞なくその証明書を発行します（労働者が請求しない事項については、記入不可）。

雇止めの予告とその理由の明示

●雇止めの予告とその理由の明示

使用者は、有期労働契約を更新しない場合には、少なくとも契約期間が満了する日の30日前までに、その予告をすること

➡雇止めの予告の対象となる有期労働契約

・3回以上更新されている場合

・1年以下の契約期間の有期労働契約が更新または反復更新され、最初に有期労働契約を締結してから継続して通算1年を超える場合

・1年を超える契約期間の労働契約を締結している場合

契約期間満了日の30日前の日

雇止め予告後に労働者が請求したとき

契約期間満了日

雇止めの理由について証明書を遅滞なく交付しなければならない

➡雇止めの後に労働者から請求された場合も同様

➡明示すべき「雇止めの理由」は、契約期間の満了とは別の理由とすることが必要

（例）

・前回の契約更新時に、本契約を更新しないことが合意されていたため

・契約締結当初から、更新回数の上限を設けており、本契約はその上限にかかるものであるため

・担当していた業務が終了・中止したため

・事業縮小のため

・業務を遂行する能力が十分ではないと認められるため

・職務命令に対する違反行為を行ったこと、無断欠勤をしたことなど勤務不良のため

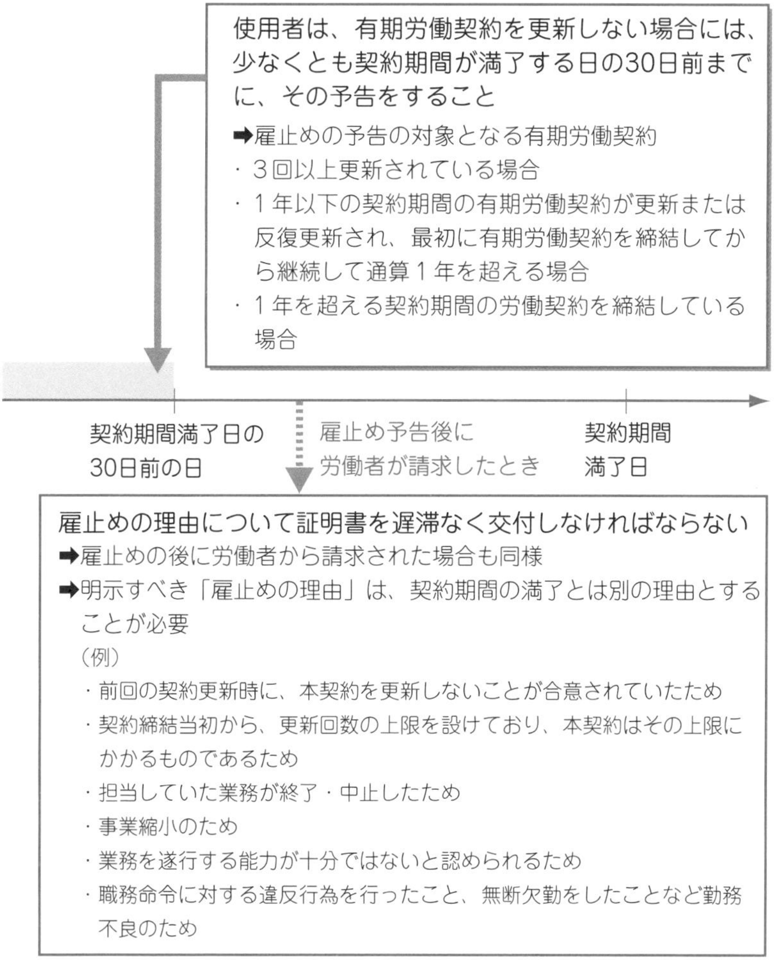

●契約期間についての配慮

使用者は、契約を1回以上更新し、かつ、1年を超えて継続して雇用している有期契約労働者との契約を更新しようとする場合は、契約の実態やその労働者の希望に応じて、契約期間をできる限り長くするよう努めなければならない

2 解雇の手続き

解雇

解雇は、労働者に与える影響が大きいうえに紛争も増大していることから、「解雇は、客観的に合理的な理由を欠き、社会通念上相当であると認められない場合は、その権利を濫用したものとして、無効とする」と、権利濫用に該当する解雇の効力について労働契約法16条で規定しています。

もし、労働者を解雇しなければならないようなときには、解雇権の濫用とされないように、ていねいな手続きを踏むことが求められます。

解雇の予告

使用者は、労働者を解雇しようとする場合には、少なくとも30日前にその予告をしなければなりません。

予告期間の計算については、この解雇予告がされた日は算入されず、その翌日より計算し、期間の末日の終了をもって期間の満了となります。この30日間は、労働日ではなく休日を含めた暦日で計算されます（右図参照）。

予告は、いつ解雇されるのかが明確になるように特定しておく必要があります。義務づけはされていませんが、後日争いが起こることを避けるためにも、書面にて予告をするほうがよいでしょう。

●解雇予告手当

30日前に解雇予告をしない使用者は、予告にかえて30日分以上の平均賃金（解雇予告手当）を支払う必要があります。30日分の解雇予告手当を支払えば即時に解雇できるほか、右図のように、解雇予告と解雇予告手当を併用することもできます。なお、この手当は解雇日までに支払います。

予告期間中の労働者の身分

解雇予告期間中であっても労働者は解雇日までは働く義務があり、使用者はその労働に対して賃金を支払う必要があります。言い換えれば、予告期間中に労働者が欠勤したときはその分の賃金は支払わなくてもよく、会社側が休業を指示したような場合にはその分の休業手当を支払うこととなります。

解雇の予告と解雇予告手当

●解雇日の30日前に、解雇予告をしなければならない

●解雇日の30日前に予告をしない場合は、その分の解雇予告手当（平均賃金）を支払わなければならない

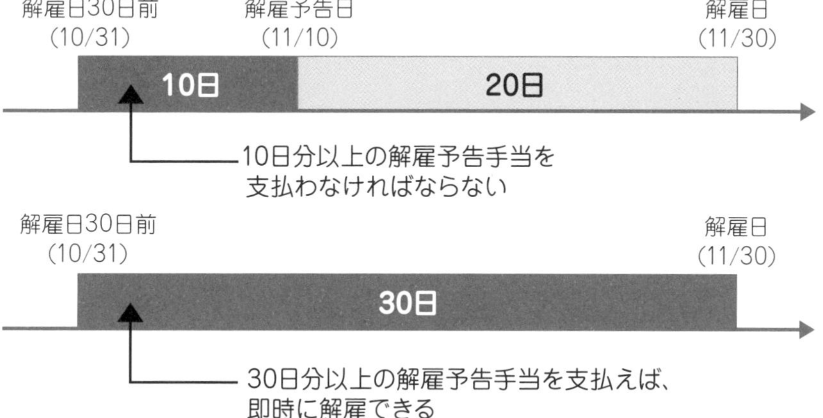

解雇予告の適用除外

次に該当する労働者については、解雇予告の規定は適用されない

日々雇い入れられる者	※1カ月を超えて引き続き働くこととなった場合は予告の対象となる
2カ月以内の期間を定めて使用される者	※所定の期間を超えて引き続き働くこととなった場合は予告の対象となる
季節的業務に4カ月以内の期間を定めて使用される者	
試用期間中の者	※14日を超えて引き続き働くこととなった場合は予告の対象となる

3 解雇制限

解雇制限期間

労働者を解雇してはならない解雇制限期間としては、「業務上負傷し、または疾病にかかり療養のために休業する期間およびその後30日間」ならびに「産前産後休業期間およびその後30日間」があります。この期間中は、たとえ労働者の責めに帰すべき事由がある場合でも、原則、解雇することはできません。

業務上のけがにより治療中であっても休業せずに働いている場合には、この制限は受けません。出産予定日前６週間（多胎妊娠の場合14週間）以内であっても、労働者が休まず働いている場合には解雇は制限されず、また、産後６週間を経過すれば労働者の請求により労働させることができるため、これ以後働いている場合も解雇制限期間には含まれません。

解雇予告期間が満了する直前に、その労働者が業務上のけがによって療養するために休業することになった場合は、軽度の負傷であっても解雇制限が適用されます。ただし、その休業期間が長期にわたり解雇予告としての効力を失うものと認められる場合を除き、けがが治った日にあらためて解雇予告をする必要はないとされています。

解雇制限の除外

上記の解雇制限期間中であっても、①打切補償を支払う場合、②天災事変その他やむを得ない事由のために事業の継続が不可能となった場合には、解雇することができます。

打切補償とは、業務上のけがにより療養している労働者が療養開始後３年を経過しても治らない場合に、使用者がその後の療養補償や休業補償などの補償義務を打ち切るかわりに、平均賃金の1200日分を打切補償として支払うことで労働契約を解除できるものです。

ただし、①②のいずれの場合であっても、労働者を解雇するには**所轄労働基準監督署の認定**を受けることが必要です。

解雇制限期間

●業務上傷病による療養のために休業する期間およびその後30日間

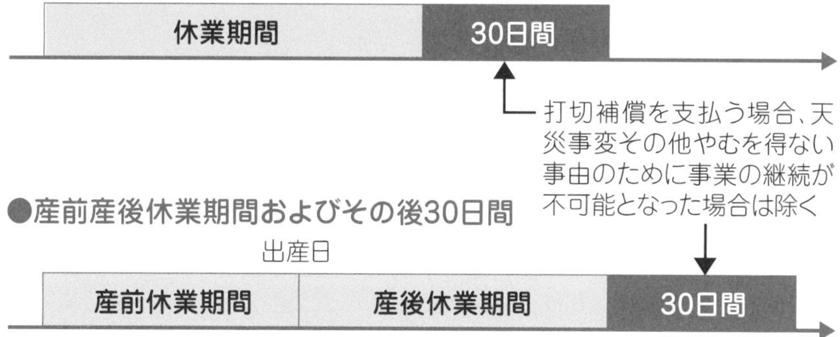

●産前産後休業期間およびその後30日間

解雇制限期間と解雇予告期間

●解雇予告期間中に解雇制限事由が生じた場合

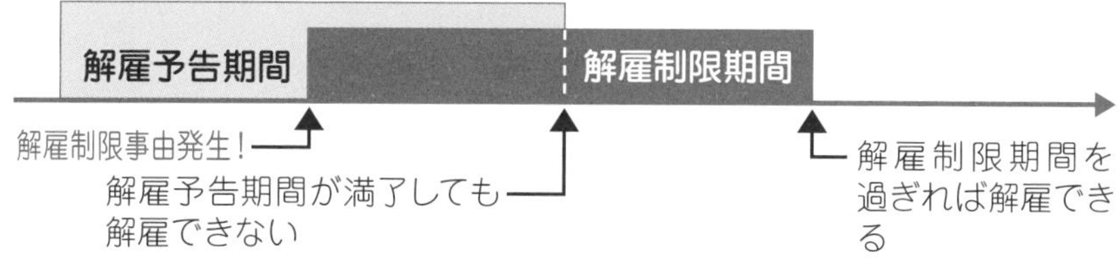

●解雇制限期間中に解雇事由が生じた場合

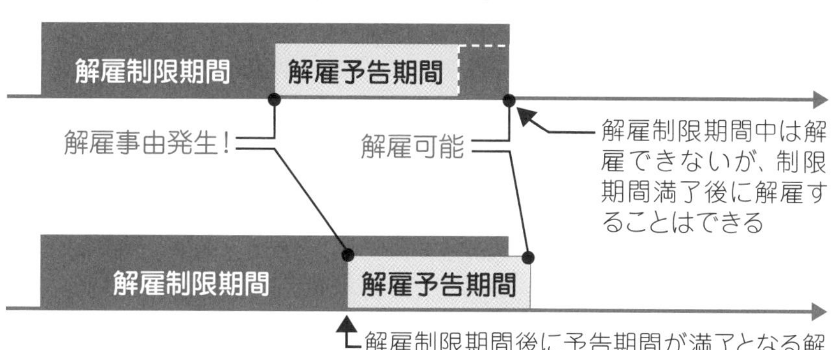

4 退職勧奨・整理解雇、懲戒処分

退職勧奨と整理解雇

事業の縮小などにより、やむなく人員の整理が必要になったとき、割増退職金を支払うかわりに退職を求めるといった退職勧奨が行われることがあります。このとき、ことさらに多数回、長期にわたる退職勧奨をするようなことは、いたずらに労働者の不安感を増すことになるほか、不当に退職を強要する結果となる可能性が高くなります。

また、余剰人員となったというだけで解雇が可能なわけではなく、整理解雇において、客観的に合理的な理由を欠き、社会通念上相当と認められない場合には、権利の濫用として無効となります。したがって、①労働組合との協議や労働者への説明を行うとともに、②人員削減を行う必要性があること、③配置転換や出向、希望退職募集等を検討するなど解雇を避けるための努力をできる限り尽くすこと、④解雇対象者の選定基準が客観的・合理的であるように慎重な検討を行うことが必要です。

懲戒

懲戒処分には、戒告や譴責、減給・昇給停止、出勤停止のほか、降格や諭旨退職、そして懲戒解雇などがあります。これら処分をするには規則の定めが必要であり、就業規則に定めのない事由による懲戒処分は懲戒権の濫用により無効となります。

労働者の責めに帰すべき事由があったとして使用者が労働者を懲戒することができる場合であっても、その懲戒が「客観的に合理的な理由を欠き、社会通念上相当であると認められない場合」には、権利濫用に当たるものとして無効になると、労働契約法15条で定められています。

懲戒処分の対象者に対しては、規律違反の程度に応じ、過去の同種の事例における処分内容等を考慮して公正な処分を行う必要があり、労働者の行為の性質や態様その他の事情を無視した懲戒処分を科すことはできません。

懲戒事由の例

●譴責（けんせき）、減給、出勤停止

・正当な理由なく無断欠勤が●日以上に及ぶとき
・正当な理由なくしばしば欠勤、遅刻、早退をしたとき
・過失により会社に損害を与えたとき
・素行不良で社内の秩序および風紀を乱したとき

●懲戒解雇（平素の服務態度その他情状によっては、普通解雇、減給または出勤停止）

・重要な経歴を詐称して雇用されたとき
・正当な理由なく無断欠勤が●日以上に及び、出勤の督促に応じなかったとき
・正当な理由なく無断でしばしば遅刻、早退または欠勤を繰り返し、●回にわたって注意を受けても改めなかったとき
・正当な理由なく、しばしば業務上の指示・命令に従わなかったとき
・故意または重大な過失により会社に重大な損害を与えたとき
・会社内において刑法その他刑罰法規の各規定に違反する行為を行い、その犯罪事実が明らかとなったとき（当該行為が軽微な違反である場合を除く）
・素行不良で著しく社内の秩序または風紀を乱したとき
・数回にわたり懲戒を受けたにもかかわらず、なお、勤務態度等に関し、改善の見込みがないとき
・許可なく職務以外の目的で会社の施設、物品等を使用したとき
・職務上の地位を利用して私利を図り、または取引先等より不当な金品を受け、もしくは求めもしくは供応を受けたとき
・私生活上の非違行為や会社に対する正当な理由のない誹謗（ひぼう）中傷等であって、会社の名誉信用を損ない、業務に重大な悪影響を及ぼす行為をしたとき
・正当な理由なく会社の業務上重要な秘密を外部に漏洩して会社に損害を与え、または業務の正常な運営を阻害したとき

※厚生労働省「モデル就業規則」より作成

5 定年と再雇用

定年

「定年制」とは、労働協約または就業規則において「満65歳に達した日の翌日に退職する」「満65歳に達した日に属する年の末日に退職する」というように一定の年齢で退職すると定められているものであり、労働者が所定の年齢に達した場合には労働契約が自動的に終了する制度をいいます。

高年齢者の雇用確保措置・就業確保措置

事業主が定年を定める場合は、その定年年齢は60歳以上としなければなりません。また、定年を65歳未満に定めている事業主は、①65歳までの定年引き上げ、②定年制の廃止、③65歳までの継続雇用制度（再雇用制度・勤務延長制度等）の導入のいずれかの措置（高年齢者雇用確保措置）を講じる必要があります。

加えて、2021年４月からは、65歳までのこれらの雇用確保（義務）に加えて、65歳から70歳までの就業機会を確保するために、以下のいずれかの措置を講ずる努力義務が新設されます。

①70歳までの定年引き上げ

②定年制の廃止

③70歳までの継続雇用制度（再雇用制度・勤務延長制度）の導入

④70歳まで継続的に業務委託契約を締結する制度の導入

⑤70歳まで継続的に（1）事業主が自ら実施する社会貢献事業、（2）事業主が委託、出資（資金提供）等する団体が行う社会貢献事業に従事できる制度の導入

継続雇用とは、定年を迎えても、そのまま引き続き働かせるものです。働き方には変わりがないため、労働条件や年休の算定なども、原則これまでのものが継続されます。なお、**再雇用**とは、いったん退職させた後、あらためて嘱託社員などに身分を変更して雇用しなおすものであり、所定労働時間や勤務日数がこれまでより短いものとなるほか、賃金については、定年前に比べて低い額になるのが一般的でしょう。

高年齢者の雇用確保措置・就業確保措置

●60歳未満の定年禁止

事業主が定年を定める場合は、その定年年齢は60歳以上としなければならない

●65歳までの雇用確保措置

定年を65歳未満に定めている事業主は、以下のいずれかの措置（高年齢者雇用確保措置）を講じなければならない

65歳までの定年引き上げ
定年廃止
65歳までの継続雇用制度の導入 （特殊関係事業主〔子会社・関連会社等〕によるものを含む）

●70歳までの就業機会の確保（2021年4月～）

65歳までの雇用確保（義務）に加え、65歳から70歳までの就業機会を確保するため、高年齢者就業確保措置として、以下のいずれかの措置を講じるよう努める必要がある

70歳までの定年引き上げ
定年廃止
70歳までの継続雇用制度の導入 （特殊関係事業主に加えて、他の事業主によるものを含む）

創業支援等措置
（雇用によらない措置）

高年齢者が希望するときは、70歳まで継続的に業務委託契約を締結する制度の導入
高年齢者が希望するときは、70歳まで継続的に以下の事業に従事できる制度の導入 （1）事業主が自ら実施する社会貢献事業 （2）事業主が委託、出資（資金提供）等する団体が行う社会貢献事業

プラス知識 ❼

●法律で解雇が禁止されている主なもの

内容	法律
労働者の国籍、信条、社会的身分を理由とする解雇	労働基準法
労働者の業務上の負傷、疾病による休業期間とその後30日間の解雇	労働基準法
産前産後の休業の期間（産前６週間（多胎妊娠の場合は14週間）以内または産後８週間以内の女性が休業する期間）とその後30日間の解雇	労働基準法
労働者が労働基準監督機関に申告したことを理由とする解雇	労働基準法
労働者が労働組合の組合員であること、労働組合に加入し、またはこれを結成しようとしたこと、労働組合の正当な行為をしたこと等を理由とする解雇	労働組合法
労働者の性別を理由とする解雇	均等法
女性労働者が婚姻したこと、妊娠・出産したこと等を理由とする解雇（女性労働者の妊娠中または産後１年以内になされた解雇は、事業主が妊娠等を理由とする解雇でないことを証明しない限り無効とされる）	均等法
労働者が育児・介護休業等の申出をしたこと、または育児・介護休業等をしたことを理由とする解雇	育児・介護休業法
労働者が、個別労働関係紛争に関し、都道府県労働局長にその解決の援助を求めたことを理由とする解雇	個別労働関係紛争解決促進法
労働者が、均等法、育児・介護休業法およびパート労働法にかかる個別労働紛争に関し、都道府県労働局長に、その解決の援助を求めたり、調停の申請をしたことを理由とする解雇	均等法、育児・介護休業法、パート・有期雇用労働法
公益通報をしたことを理由とする解雇	公益通報者保護法

第8章

その他の雇用スタイルと基本ルール

Contents

1 配置転換・転勤

配転を命じるには

配置転換（配転）は、就業規則や労働協約等に根拠があれば使用者が命じる権限があるものとされ、勤務地限定特約や職務限定の合意が労使の間になければ、労働者との合意なくして配転命令をすることも可能です。長期において同じ勤務地で同じ職種に就いていたからといって勤務地の限定や職種の限定があったとされるわけではなく、合意の有無が問題となります。

したがって、労働者に配転や転勤などを命じることに備えて、あらかじめ「会社は、業務上必要がある場合には、従業員の就業する場所または従事する業務の変更を命ずることがある」というように、就業規則に明記しておく必要があります。

配転命令と権利濫用

判例では、①業務上の必要性がない場合、②業務上の必要性があっても、その転勤命令が他の不当な動機・目的をもってなされたものであるとき、③労働者に対し通常甘受すべき程度を著しく超える不利益を負わせるものであるときには、転勤命令は権利の濫用になると判断しており、配転にも同様に当てはめられています。

①の業務上の必要性の有無については、余人をもって容易に替えがたいことまでは求められておらず、②の不当な動機・目的をもってなされたものについては、嫌がらせや組合嫌悪などによる配転命令である場合に、権利の濫用として無効となります。

育児や介護が必要な人が家庭にいる場合などにおいては、③の通常甘受すべき程度を著しく超える不利益について問題となります。事業主は、労働者を転勤させようとする場合には、その育児または介護の状況に配慮しなければならないと育児・介護休業法26条にもあるように、配転命令に当たっては、労働者の家庭の事情について配慮することも必要でしょう。

配転命令・転勤命令をするには

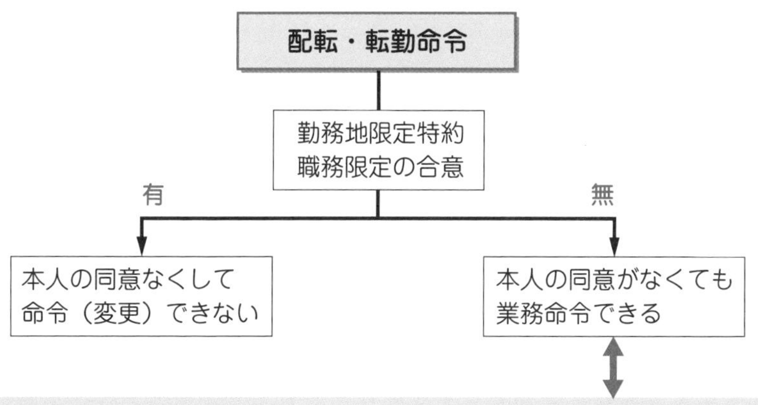

●権利濫用の判断ポイント

業務上の必要性があったかどうか

➡労働力の適正配置、業務の能率増進、労働者の能力開発、勤労意欲の高揚、業務運営の円滑化など企業の合理的運営に寄与する点が認められる限りは、業務上の必要性が認められるとされる

業務上の必要性があったとしても、配転命令が他の不当な動機・目的等をもってなされているかどうか

➡不当な動機・目的が認められる場合には、権利の濫用に当たると考えられる

業務上の必要性があったとしても、配転によって労働者に通常甘受すべき程度を著しく超える不利益を負わせるものであるかどうか

➡労働者に対し通常甘受すべき程度を著しく超える不利益を負わせる場合など特段の事情がある場合には、権利の濫用に当たると考えられる

2 出向・転籍

在籍型出向

出向元・出向先双方と出向労働者との間に労働契約関係がある場合をいいます。

したがって、出向元・出向先それぞれに対して労働契約関係の範囲内で労基法が適用され、出向元・出向先・出向労働者の三者間で、出向先での労働条件や出向元での身分についてなどを取り決めることとなります。

移籍型出向（転籍）

出向先との間にのみ労働契約関係があり、出向元と出向労働者間の労働契約関係は終了しているものをいいます。

この場合の出向労働者については、出向先とのみ労働契約関係があることから、労基法も出向先についてのみ適用されます。

出向の要件

労働契約法において、使用者が労働者に出向を命ずることができる場合であっても、その命令が権利を濫用したものと認められる場合には無効となるとされています（ここでいう出向とは、在籍型出向を指します）。したがって、労働契約を結んだからといって使用者は出向を命じることができるものでもなく、どのような場合に命じることができるのか、事案に応じて個別具体的に判断されます。

この権利濫用であるか否かの判断は、出向を命じる必要性や対象労働者の選定にかかる事情等を考慮して行われるものです。

移籍型出向（転籍）については、労働契約の終了と新たな労働契約の締結を前提にしていますので労働者との個別の同意が必要でしょうが、在籍型出向の場合であっても、配置転換や転勤と同様に家庭などの事情も配慮すべきことからすれば、事前の了解を得るなどのステップは踏むべきです。

出向者へのルールの適用

在籍型出向

●賃金の支払い
出向元が負担しても出向先が負担してもかまわない

●賞与の支給
どちらの基準で支給するのかは事前に規定しておく

●社会保険
労災保険 ➡ 実際に働いている出向先のものを適用する
雇用保険 ➡ 賃金を支払っている側のものを適用する
健康保険・厚生年金保険 ➡ どちらの基準によるかを選択する

●労働時間、休憩、休日
実際に働いている出向先のものを適用する

●年休
出向元で発生した年休を出向先で取得できる
（出向元および出向先の勤務年数は通算して算定）

●懲戒処分
基本的に出向先の就業規則などが適用されるので、それに反する行為などへの懲戒処分は出向先のもので判断する

●解雇
出向元の規定による

●退職
雇用契約上の労働者としての地位は出向元にあるので、出向元の規定によって判断する

移籍型出向（転籍）

すべて、出向先（転籍先）での扱いとなる

3 性別を理由とする差別の禁止／職場におけるハラスメント

性別を理由とする差別の禁止

事業主が、労働者に対して募集・採用、配置（業務の配分や権限の付与を含みます）・昇進・降格・教育訓練、福利厚生、職種・雇用形態の変更、退職の勧奨・定年・解雇・労働契約の更新において、性別を理由に差別的な取り扱いをすることは禁止されています。また、①労働者の募集・採用に当たって労働者の身長・体重・体力を要件とすること、②労働者の募集・採用、昇進、職種の変更に当たって、転居を伴う転勤に応じることができることを要件とすること、③労働者の昇進に当たり転勤の経験があることを要件とすることについても、合理的な理由がない限り**間接差別**として禁止されます。

職場におけるハラスメント

●セクシュアルハラスメント（セクハラ）

職場において行われる、労働者の意に反する性的な言動に対する労働者の対応によりその労働者が労働条件について不利益を受けたり、性的な言動により就業環境が害されることをいいます。男女とも行為者にも被害者にもなり得るほか、異性だけではなく同性に対するものも該当します。

●パワーハラスメント（パワハラ）

職場において行われる、①優越的な関係を背景とした言動であって、②業務上必要かつ相当な範囲を超えたものにより、③労働者の就業環境が害されるものであり、これらをすべて満たすものをいいます。なお、客観的にみて、業務上必要かつ相当な範囲で行われる適正な業務指示や指導については、パワハラには該当しません。

●妊娠・出産・育児休業等に関するハラスメント

職場において行われる上司・同僚からの、妊娠・出産したことや育児休業等の利用に関する言動により、妊娠・出産した女性労働者や育児休業等を申し出・取得した男女労働者の就業環境が害されることをいいます。

職場におけるハラスメント

●職場におけるセクハラ

事業主に防止措置を講じることを義務付け（均等法）

［性的な言動の例］

性的な内容の発言	性的な事実関係を尋ねること、性的な内容の情報（噂）を流布すること、性的な冗談やからかい、食事やデートへの執拗な誘い、個人的な性的体験談を話すことなど
性的な行動	性的な関係を強要すること、必要なく身体へ接触すること、わいせつ図画を配布・掲示すること、強制わいせつ行為など

●職場におけるパワハラ

事業主に防止措置を講じる義務があるほか、事業主に相談したこと等を理由とする不利益取り扱いも禁止（労働施策総合推進法）

［代表的な言動の類型］

身体的な攻撃	暴行・傷害
精神的な攻撃	脅迫・名誉毀損・侮辱・ひどい暴言
人間関係からの切り離し	隔離・仲間外し・無視
過大な要求	業務上明らかに不要なことや遂行不可能なことの強制、仕事の妨害
過小な要求	業務上の合理性なく、能力や経験とかけ離れた程度の低い仕事を命じることや仕事を与えないこと
個の侵害	私的なことに過度に立ち入ること

●職場における妊娠・出産・育児休業等に関するハラスメント

事業主に防止措置を講じることを義務付け（均等法、育児・介護休業法）

［ハラスメントの二つの型］

制度等の利用への嫌がらせ型	・産前休業や育児休業などの制度等の利用を理由に解雇や不利益取り扱いを示唆する言動 ・制度等の利用を阻害する言動 ・制度等の利用を理由に嫌がらせ等をする言動
状態への嫌がらせ型	・妊娠・出産等を理由に解雇その他不利益取り扱いを示唆する言動 ・妊娠・出産等を理由に嫌がらせ等をする言動

4 労働者派遣

労働者派遣を受け入れるには

派遣先は、労働者派遣契約を結ぶに当たり、派遣元との間で、派遣労働者が従事する業務の内容や派遣就業の場所、派遣期間および派遣就業をする日、派遣就業の開始・終了の時刻、休憩時間などについて、書面で決めておくことが必要です。また、派遣先には、派遣先の労働者が利用する給食施設・休憩室・更衣室（福利厚生施設）について派遣労働者に対しても利用の機会を与えることなどの講ずべき措置もあります。

派遣期間の制限

労働者派遣においては、派遣先事業所単位と派遣労働者個人単位の期間制限があります。派遣先の同一の事業所に対し派遣できる期間（派遣可能期間）は、原則、３年が限度です。派遣先が３年を超えて派遣を受け入れようとする場合は、派遣先事業所の過半数労働組合（ないときは、労働者の過半数代表者）からの意見を聴く必要があります。また、同一の派遣労働者を、派遣先の事業所における同一の組織単位（いわゆる「課」など）に対し派遣できる期間も３年が限度です。

なお、期間制限に違反して労働者派遣を受け入れた場合のほか、労働者派遣の禁止業務に従事させた場合や無許可の事業主から労働者派遣を受け入れた場合、いわゆる偽装請負を行った場合には、派遣先が派遣労働者に対して、その派遣労働者の派遣元における労働条件と同一の労働条件を内容とする労働契約の申し込みをしたものとみなされます。

●派遣契約の中途解除

派遣先は、派遣元事業主の合意を得ることはもとより、あらかじめ、相当の猶予期間をもって派遣元事業主に派遣契約の解除の申し入れを行うことが必要です。このとき、派遣先の関連会社での就業をあっせんするなどにより、派遣労働者の新たな就業機会の確保を図ることも要します。

事業所単位・個人単位の期間制限

●「事業所単位」の期間制限

派遣先は、同一の事業所において派遣可能期間（３年）を超えて派遣を受け入れることはできない

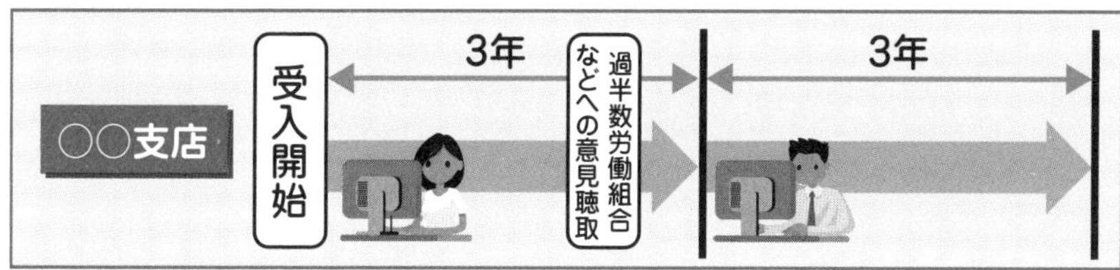

●「個人単位」の期間制限

上記「事業所単位」の派遣可能期間を延長した場合でも、派遣先の事業所における同一の組織単位（いわゆる「課」などを想定）で、３年を超えて同一の派遣労働者を受け入れることはできない

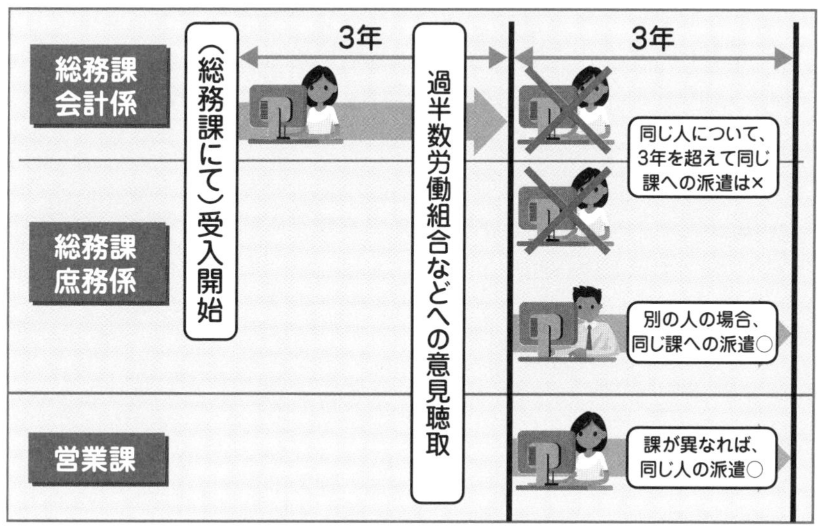

※派遣先は、同一の事業所において３年を超えて派遣を受け入れようとする場合は、延長しようとする派遣可能期間が終了する１カ月前までに、事業所の過半数労働組合などから意見を聴く必要がある

5 派遣元と派遣先との関係

派遣元と派遣労働者との関係

派遣労働者は派遣先から指揮命令を受けて労働していますが、雇用契約を結んでいるのは派遣元事業主とです。

労基法の規定において、派遣元が使用者として責任を負う主なものは、①労働契約の締結、②賃金、③時間外・休日労働、深夜業の割増賃金、④年休、⑤産前産後休業、⑥災害補償、⑦就業規則です。したがって、派遣労働者に対する賃金の支払いや年休の付与は派遣元の使用者が行います。

たとえ派遣先において時間外労働を行ったとしても、割増賃金の支払い義務は派遣元にあり、派遣契約に基づき、別途割増賃金分の金額を、派遣元が派遣先に対して請求することとなります。年休を請求された場合でも、派遣先が時季変更をすることはできず、必要に応じて派遣契約に則(のっと)り、かわりの人を派遣してもらうことになります。

派遣先と派遣労働者との関係

労基法の規定において、派遣先が使用者としての責任を負う主なものは、①労働時間、休憩、休日、②(年少者の)労働時間、休日、深夜業、③産前産後の時間外・休日労働、深夜業、④育児時間、生理休暇です。

派遣契約で定めた労働時間の下で働かせるのは派遣先ですので、時間管理などについても派遣先の責任の下で行います。

派遣元と派遣先

派遣元、派遣先とも責任者を選任して管理台帳を作成し、記録・保存をしなければなりません。

基本的には派遣労働者と契約関係にある派遣元が管理責任を負うものであり、上記のような区分けがなされていない事項については、原則どおり派遣元が責任を負います。派遣先が派遣契約に反した働かせ方をしたことで法に触れた場合でも、派遣元に対しても罰則が適用されます。

派遣元・派遣先の責任

派遣元が責任を負うもの	派遣先が責任を負うもの
●労働契約の締結 ●賃金の支払い ●時間外、休日、深夜労働の割増賃金 ●変形労働時間制 ●年休 ●産前産後休業 ●災害補償 ●就業規則の作成・届け出 ●労働者名簿の作成・保存 ●賃金台帳の作成・保存　など	●労働時間 ●年少者の労働時間 ●産前産後の時間外、休日、深夜労働 ●育児時間、生理休暇 ●休憩 ●休日 協定の締結・届け出は派遣元： ●1カ月単位の変形労働時間制 ●1年単位の変形労働時間制 ●フレックスタイム制 ●時間外・休日労働　など

管理台帳に記録する内容

派遣元管理台帳	派遣先管理台帳
●派遣労働者の氏名 ●無期雇用派遣労働者か有期雇用派遣労働者かの別 ●派遣先名 ●派遣先事業所名 ●派遣就業の場所・組織単位 ●派遣期間・派遣就業の日 ●始業・終業時刻、休憩時間 ●業務の種類 ●（紹介予定派遣の場合）紹介予定派遣である旨 ●派遣元責任者および派遣先責任者に関する事項　など	●派遣労働者の氏名 ●無期雇用派遣労働者か有期雇用派遣労働者かの別 ●派遣会社名 ●派遣元事業所の名称・所在地 ●派遣就業した日 ●始業・終業時刻、休憩時間（実績） ●業務の種類（実績） ●就業した場所・組織単位 ●（紹介予定派遣の場合）紹介予定派遣である旨 ●派遣先責任者および派遣元責任者に関する事項　など

6 パートタイム労働者・有期雇用労働者

パートタイム労働者は、１週間の所定労働時間が同一の事業主に雇用される通常の労働者（正社員および無期雇用フルタイム労働者）の１週間の所定労働時間に比べて短い労働者をいい、有期雇用労働者は、事業主と期間の定めのある労働契約を締結している労働者をいいます。

雇い入れる際の労働条件の明示

パートタイム労働者・有期雇用労働者を雇い入れる際には、正社員と同様に労働条件を明示しなければなりません。加えて、パートタイム労働者・有期雇用労働者の労働条件は、個々の事情に応じて多様に設定されることが多いため、「昇給の有無」「退職手当の有無」「賞与の有無」「相談窓口」の四つの事項について、文書の交付など（労働者が希望した場合は電子メールやFAXでも可能です）により、速やかに労働者に明示する必要があります。

不合理な待遇差の禁止

同一企業内における通常の労働者とパートタイム労働者・有期雇用労働者との間の不合理な待遇の差をなくし、どのような雇用形態を選択しても待遇に納得して働き続けることができるよう、2020年４月（中小企業は2021年４月）からパートタイム・有期雇用労働法が施行されました。

パートタイム労働者・有期雇用労働者の基本給や賞与その他の待遇のそれぞれについて、その待遇に対応する通常の労働者の待遇との間において、パートタイム労働者・有期雇用労働者と通常の労働者の職務の内容、職務の内容・配置の変更の範囲（人材活用の仕組みや運用など）、その他の事情のうち、その待遇の性質・目的に照らして適切と認められるものを考慮して、不合理と認められる相違を設けることが禁止されています。また、①職務の内容、②職務の内容・配置の変更の範囲（人材活用の仕組みや運用など）が通常の労働者と同一のパートタイム労働者・有期雇用労働者については、パートタイム労働者・有期雇用労働者であることを理由として、基本給や賞与その他の待遇のそれぞれについて、差別的取り扱いが禁止されています。

不合理な待遇差をなくすための規定の整備

〈中小企業は2021年４月より〉

同一企業内において、通常の労働者とパートタイム労働者・有期雇用労働者との間で、基本給や賞与などあらゆる待遇について、不合理な待遇差を設けることが禁止される

均衡待遇規定（不合理な待遇差の禁止）	①職務内容※、②職務内容・配置の変更の範囲、③その他の事情の内容を考慮して不合理な待遇差を禁止するもの
均等待遇規定（差別的取り扱いの禁止）	①職務内容※、②職務内容・配置の変更の範囲が同じ場合、差別的取り扱いを禁止するもの

※「職務内容」とは、業務の内容＋責任の程度をいう

待遇に関する労働者への説明義務

〈中小企業は2021年4月より〉

パートタイム労働者・有期雇用労働者を雇い入れたときは、速やかに、実施する雇用管理の改善に関する措置の内容を説明するほか、その雇用するパートタイム労働者・有期雇用労働者から求めがあったときは、その待遇を決定するに当たって考慮した事項を説明しなければならない

［説明内容の例］

雇入れ時	説明を求められたとき
・賃金制度はどのようなものとなっているか ・どのような教育訓練があるか ・どの福利厚生施設が利用できるか ・どのような正社員転換推進措置があるか など	・比較対象の通常の労働者との間で待遇の決定基準に違いがあるか、違う場合はどのように違うのか・なぜ違うのか ・どの教育訓練や福利厚生施設がなぜ使えるか（または、なぜ使えないか） ・正社員への転換推進措置の決定に当たり何を考慮したか など

7 労働者名簿・賃金台帳の作成など

労働者名簿

使用者は、①事業場ごとに、②各労働者について、労働者名簿を作成しなければなりません。「事業場ごと」であるので、本社・支社など事業場が複数ある場合には、それぞれ別個に作成する必要があります。なお、「各労働者について」とありますが、日雇労働者についてはその移動が激しく、現実的でないために作成義務は課せられていません（賃金台帳の作成は必要）。

この労働者名簿には、労働者の氏名、生年月日、履歴のほかに、常時30人以上の事業においては従事する業務の種類などについて記載します。

賃金台帳

賃金台帳についても、労働者名簿と同様、事業場ごとに作成し、賃金の支払いのつど遅滞なく記入しなければなりません。賃金台帳に記載すべき必要事項は、右ページのとおりです。

なお、労働者名簿の記載事項との重複を避け、事務上の簡素化を図るために、労働者名簿と賃金台帳をあわせて作成することが認められています。

●賃金の遡及

賃金交渉の結果、７月になって４、５、６月分の賃金が遡及して支払われるような場合については、どのように記入すればよいのでしょうか。この場合、平均賃金の算定においては、遡及額は各月に支払われたものとして扱いますが（107ページ参照）、賃金台帳の記載に当たっては、過去３カ月分の賃金であることを明記して７月分の賃金に含めて記入します。

記録の保存

労働者名簿や賃金台帳のほか、出勤簿やタイムカード、労使協定書などの労働関係に関する重要な書類についても、５年間（当分の間は３年間）の保存義務が課せられています。

労働者名簿と賃金台帳

労働者名簿

❶氏名
❷性別
❸生年月日
❹住所
❺従事する業務の種類
❻雇い入れ年月日
❼退職の年月日とその事由（退職事由が解雇の場合には、その理由）
❽死亡年月日とその原因
❾履歴　など

- 労働者各人についてそれぞれ作成
- 日々雇い入れられる労働者については作成不要（その移動が激しく、名簿作成の意義などに乏しいため）
- ❺について、労働者が常時30人未満の事業場では記入不要

賃金台帳

❶氏名
❷性別
❸賃金計算期間
❹労働日数
❺労働時間数
❻時間外労働時間数、休日労働時間数、深夜労働時間数
❼基本給、手当その他賃金の種類ごとにその額
❽社会保険料などの賃金控除額
など

- 労働者各人についてそれぞれ、賃金を支払うつど作成
- 日々雇い入れられる労働者についても作成が必要（❸は記入不要）
- ❺❻について、管理監督者などは記入不要（深夜業は除く）
- ❼について、現物支給の場合はその評価総額を記入

※労働者の異動について労働基準監督署などに届け出る際には、労働者名簿、賃金台帳、タイムカードなどの出勤簿を資料として提出する必要があるので、注意が必要

8 労働者の健康管理・健康障害の防止

健康診断の実施

事業主は、労働者に対して1年以内に1回、定期健康診断を実施しなければならず、深夜業を含む業務に常時従事する労働者に対しては、6カ月以内に1回の特定業務従事者健康診断を実施します。一方で、労働者には健康診断を受診する義務があります。

健診結果に問題が見つかった場合には、健康保持のために必要な措置について医師の意見を聴くほか、必要な事後措置を講じなければなりません。

過重労働による健康障害を防ぐためには

過重労働による健康障害を防止するためには、時間外・休日労働の削減や年休の取得促進などのほか、健康診断の実施をはじめとする労働者の健康管理に関する措置を徹底することが重要です。

時間外・休日労働時間が1カ月当たり80時間を超え、かつ、疲労の蓄積が認められる者が申し出た場合には、医師による面接指導を実施しなければなりません。この面接指導を実施した医師からは必要な措置について意見を聴き、必要と認める場合は適切な事後措置を実施することになります。

それ以外の者であっても、たとえば時間外・休日労働時間が1カ月45時間を超えるといった健康への配慮が必要な労働者に対して面接指導などを実施したり、裁量労働制の対象労働者について過重労働とならないように注意喚起を行うなどといった十分な措置を講じるよう努めなければなりません。

年少者、妊産婦への配慮

年少者や妊産婦に対しては、重量物を取り扱う業務のほか、有毒ガスを発散する場所での業務など危険有害業務に就かせることが原則禁じられています。

妊産婦が請求した場合には、36協定の規定の有無にかかわらず、深夜業のほか時間外労働や休日労働をさせることはできず、年少者については、本人の請求の有無とは関係なく深夜業や時間外労働が禁止されています。

一般健康診断の種類

雇い入れ時の健康診断	常時使用する労働者	雇い入れの際
定期健康診断	常時使用する労働者（特定業務従事者を除く）	1年以内ごとに1回
特定業務従事者の健康診断	多量の高熱物体を取り扱う業務・著しく暑熱な場所における業務など労働安全衛生規則に掲げる業務に常時従事する労働者	左記業務への配置替えの際、6カ月以内ごとに1回
海外派遣労働者の健康診断	海外に6カ月以上派遣する労働者	海外に6カ月以上派遣する際、帰国後国内業務に就かせる際
給食従業員の検便	事業に付属する食堂または炊事場における給食の業務に従事する労働者	雇い入れの際、配置替えの際

健康診断実施後の事業者の具体的な取り組み事項

❶健康診断の結果の記録
健康診断個人票を作成し、定められた期間、保存する

❷健康診断の結果についての医師等からの意見聴取
健康診断の項目に異常の所見のある労働者について、労働者の健康を保持するために必要な措置について、医師（歯科医師）の意見を聴く

❸健康診断実施後の措置
❷による医師・歯科医師の意見を勘案し必要があると認めるときは、作業の転換、労働時間の短縮等の適切な措置を講じる

❹健康診断の結果の労働者への通知

❺健康診断の結果に基づく保健指導

❻健康診断の結果の所轄労働基準監督署への報告

プラス知識 ❽

●おさえておきたい民法の規定（要約）

▶**民法90条（公序良俗）**
公序良俗に反する事項を目的とする法律行為は、無効とするもの。

▶**民法95条（錯誤）**
法律行為の要素に錯誤があった意思表示は、無効とするもの。

▶**民法96条（詐欺または強迫）**
詐欺または強迫による意思表示は、取り消すことができるというもの。

▶**民法415条（債務不履行による損害賠償）**
債務者がその債務の本旨に従った履行をしないときや債務者の責めに帰すべき事由によって履行できなくなったときは、債権者はこれによって生じた損害の賠償を請求できるというもの。

▶**民法627条（期間の定めのない雇用の解約の申入れ）**
当事者が雇用の期間を定めなかったときは、いつでも解約の申し入れができ、解約の申し入れ日から２週間を経過することで終了するというもの。

▶**民法628条（やむを得ない事由による雇用の解除）**
当事者が雇用の期間を定めた場合であっても、やむを得ない事由があるときは直ちに契約を解除でき、その事由が当事者の一方の過失によるものであるときは、相手方に対して損害賠償の責任を負うというもの。

▶**民法629条（雇用の更新の推定等）**
雇用期間の満了後において労働者が引き続きその労働に従事する場合に、使用者がこれを知りながら異議を述べないときは、それまでの雇用と同一の条件でさらに雇用をしたものと推定するというもの。

▶**民法709条（不法行為による損害賠償）**
故意または過失によって他人の権利や法律上保護される利益を侵害した者は、これによって生じた損害を賠償する責任を負うというもの。

▶**民法715条（使用者等の責任）**
使用者が選任・監督について相当の注意をしたときや相当の注意をしても損害が生じたであろうときを除き、被用者が事業の執行について第三者に加えた損害を賠償する責任を使用者は負うというもの。

実務に役立つ Q&A 40

Q 01 就業規則の提示をもって労働条件を明示したことになるか。就業場所などが未確定な新入社員への労働条件は、どう明示すべきか

これまで労働契約を結ぶ際には、就業規則を示すことだけで済ませてきましたが、今後もこの方法で問題ないでしょうか。

また、労働契約締結の際に明示しなければならないものに「就業場所および従事する業務」がありますが、まだそれらが確定していない新入社員の場合、どうすればよいでしょうか。

書面による明示が必要 新入社員の場合、雇い入れ直後の就業場所などを明示すればよい

職種を特定して労働契約を締結するケースを除き、労働者を雇い入れるときは一定の期間、その新入社員の能力や性格などを見極めたうえで配属先を決めるのが一般的でしょう。

だからといって、就業場所が「後日決定する」といった漠然としたものにはならないようにします。

労働条件の明示方法

まず、労働契約の締結に際し、使用者は労働者に対して労働条件を明示しなければなりません。特に、賃金の決定や労働時間に関する事項については、口頭の説明だけでなく、条件が明らかとなる書面の交付を必要とします。

なお、労働条件の明示方法は、かつては書面の交付に限られていましたが、今では、労働者が希望した場合は、FAXや電子メール、SNS等でも明示できることになっています。

雇い入れ直後の事項で足りる

交付すべき書面の内容について、たとえば賃金に関する事項であれば、その労働者について確定できるものであればよく、就業規則などに規定されている賃金等級が表示された辞令などでも足りるとされています。

したがって、「就業の場所および従事すべき業務に関する事項」についても雇い入れ直後の就業場所や従事すべき業務を明示すれば足りるものであり、将来の就業場所や従事させる業務をあわせて網羅的に明示する必要まではありません。

Q 02 就業規則の作成義務がある「常時10人以上……」には、出向者も含まれるか

労基法89条では「常時10人以上の労働者を使用する使用者」は就業規則を作成し、労働基準監督署に届け出なければならないとなっています。この「労働者」には、（在籍、転籍で考え方も異なると思いますが）出向者も含まれるのでしょうか。

会社に指揮命令権を有する事項がある以上、在籍出向・転籍出向のいずれにおいても就業規則を作成する必要がある

出向労働者や派遣労働者が、この「労働者」に含まれるかどうかは、その使用者がこの労働者を使用しているか、すなわち、その労働者と労働契約関係にあるか否かの問題となります。

「出向」とは、一般に、濃淡の差はあれ出向元となんらかの関係を保ちながら、出向先において新たな労働契約関係に基づき相当期間継続的に勤務する形態と解されています。このような出向は、大きく「在籍出向」と「転籍（移籍型）出向」に分けることができます。

在籍出向者の場合

「在籍出向」とは、出向元と出向先双方と出向労働者との間に労働契約関係がある形態をいいます。出向元と出向労働者との関係は、出向中は身分関係のみが残っていると認められるものや、身分関係が残っているだけでなく出向中も出向元が賃金の一部について支払い義務を負うものなど、さまざまな形態があります。いずれにせよ、この場合、出向労働者を雇用しているのは出向元および出向先双方であり、出向元、出向先双方とも出向労働者を「労働者」に含める必要があります。

具体的には、出向元、出向先それぞれの権限と責任に応じて、使用者責任を負うことになります。したがって、それぞれが権限を有する事項について、出向労働者に関する就業規則を作成する必要があります。

転籍（移籍型）出向者の場合

「転籍（移籍型）出向」とは、出向先と出向労働者との間にのみ労働契約関係がある形態であり、出向労働者を雇用しているのは出向先だけですので、出向労働者について就業規則を作成する必要があるのは出向先となります。

03 内勤での労働時間も含めたみなし労働時間の定めは可能か

当社の所定労働時間は８時間ですが、事業場外における業務の遂行に通常必要とされる労働時間を７時間とし、事業場内における労働時間が２時間のときには計９時間のみなし労働時間にすることを考えていますが可能でしょうか。また、このような場合、労使協定の届出様式のみなし労働時間はどの時間を書くべきなのでしょうか。

事業場外での業務の遂行に通常必要とされる時間をみなし労働時間として労使協定を結ぶこと

業務の全部または一部を事業場外で行う労働者の労働時間の算定が難しいときには、この事業場外での業務の遂行に通常必要とされる時間をみなし労働時間とすることができます。この場合、事業場内で業務に従事した時間については、みなし労働時間とは別にして把握しなければなりません。

①内勤分の労働時間と事業場外の労働時間分との合計が所定労働時間に収まる場合

１日の労働時間の一部が事業場外での業務であって労働時間の算定が難しいときは、②の場合を除いて、所定労働時間労働したものとみなされます。

設問の場合、事業場外における業務の遂行に通常必要とされる時間が７時間ですから、事業場内における労働時間が１時間であれば、所定労働時間である８時間、労働したものとみなされます。

②内勤分の労働時間と事業場外の労働時間分との合計が所定労働時間を超える場合

事業場内での労働時間と事業場外での業務の遂行に通常必要とされる時間を加えた時間が所定労働時間よりも長い場合は、事業場外での業務に関してのみ、みなし労働時間が適用されます。この事業場外分の労働時間と別途把握した事業場内分の労働時間を加えた時間が、１日の労働時間となります。

設問の場合、事業場外での業務の遂行に通常必要とされる時間が７時間ですから、事業場内で２時間労働すれば９時間労働したものとみなされますし、事業場内で３時間労働すれば10時間労働したものとみなされます。

①内勤分の労働時間と事業場外の労働時間分との合計が
所定労働時間に収まる場合（労使協定なし）

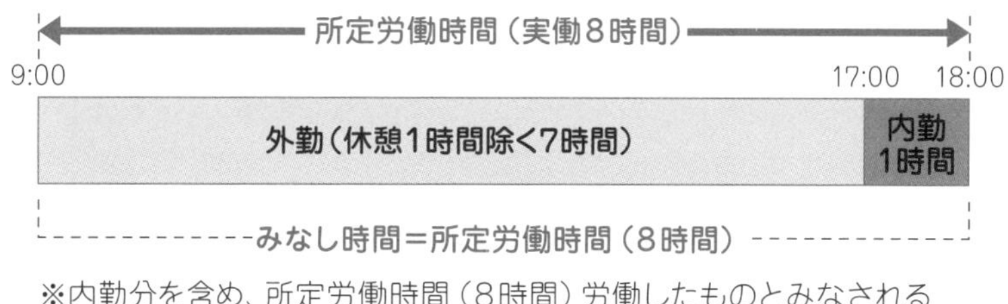

※内勤分を含め、所定労働時間（8時間）労働したものとみなされる

②内勤分の労働時間と事業場外の労働時間分との合計が
所定労働時間を超える場合（労使協定なし）

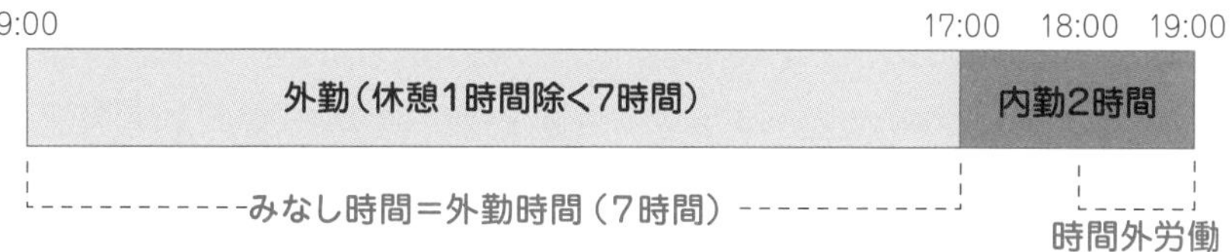

※外勤７時間＋内勤２時間の合計９時間労働したものとみなされる。この場合、法定労働時間を超える１時間分は時間外労働としてカウントされる

③事業場外労働に関する労使協定

②の場合、事業場外労働に関する労使協定が締結されているならば、事業場外での業務の遂行に通常要する時間として協定で定めている時間分の労働をしたものとみなされます。みなし労働時間制による労働時間の算定の対象となるのは、事業場外で業務に従事した部分であり、労使協定についてもこの部分について協定します。

したがって、１日の労働時間の一部が事業場外での労働である場合、事業場内で業務に従事した分も含めて、その日に働いた時間をみなし労働時間と定めて協定を結ぶことはできません。この設問の場合ですと、内勤分の労働時間の多少にかかわらず、全体（内勤分の労働時間を含みます）として９時間のみなし労働時間と定めて協定を結ぶことはできず、事業場外での業務の遂行に通常必要とされる７時間をみなし労働時間と労使協定で定めることになります。

なお、上図①のように内勤分の労働時間と事業場外の労働時間を合計した時間が所定労働時間を超えない場合には、事業場外労働の時間は労使協定で定めた時間ではなく、事業場内労働の時間とあわせて所定労働時間労働したものとみなすことになります。

Q04 携帯電話を持たせた外勤社員に、事業場外労働に関するみなし労働時間制を適用できるか

当社の営業社員の勤務体系は、午前中は内勤、午後は訪問営業をしてそのまま直帰するスタイルです。ただし、会社と連絡が取れるよう、営業社員全員に携帯電話を持たせ、随時、管理職が業務の指示を与えることを考えていますが、このような場合、事業場外労働に関するみなし労働時間制は適用できますか。

A 使用者の具体的な指揮監督が及ぶ場合は、事業場外労働に関するみなし労働時間制を適用できない

事業場内での業務時間は別途に把握

1日の労働時間の一部が事業場外での労働である場合において、事業場内で業務に従事した時間と事業場外において業務を遂行するために通常必要とされる時間とを加えた時間が所定労働時間より長い場合には、両方を加えた時間だけ働いたものとみなされます。このとき、事業場内で業務に従事した時間は、別途把握しなければなりません。

結局、所定労働時間をいつも超える状況にあるならば、事業場内での労働時間に、事業場外での業務の遂行に通常必要とされる時間を加えた時間だけ働いたことになります。

具体的な指示が及ぶなら適用外

ただし、事業場外で業務に従事する場合であっても、使用者の具体的な指揮監督が及んでいる場合は労働時間の算定が可能であるため、みなし労働時間制の適用はありません。

厚生労働省の通達によれば、①何人かのグループで事業場外労働に従事する場合で、そのメンバーの中に労働時間の管理をする人がいる場合、②事業場外で業務に従事するが、無線やポケットベルなどによって随時使用者の指示を受けながら労働している場合、③事業場において、訪問先、帰社時刻など当日の業務の具体的指示を受けた後、事業場外で指示どおりに業務に従事し、その後事業場に戻る場合が該当します。

設問のケースでは、営業社員全員に携帯電話を持たせ、随時、管理職が業務の指示を与えることから上記の②に該当します。したがって、労働時間の算定が可能であると考えられますので、事業場外労働に関するみなし労働時間制の適用はできないこととなります。

Q 05 在宅勤務制度において、労働者が休日に働いた分の賃金まで支払わなければならないか

当社では一定の要件を満たす労働者に対して在宅勤務制度を実施しており、労働時間を算定することが困難な場合には事業場外労働に関するみなし労働時間制を適用しています。この在宅勤務は、通常の労働者同様に平日（月曜日から金曜日まで）での勤務を想定していますが、ある労働者が休日（日曜日）に労働したことを理由に休日割増分の賃金を要求してきました。この場合、その要求に応じる必要があるのでしょうか。

明示・黙示の指揮命令などがないならば、労基法上の労働時間には当たらないため、賃金を支払う必要はない

前提として、就業規則等によって休日に業務を行う場合であっても、少なくとも事前に申告をして使用者の許可を得なければならず、休日に業務を行った実績について事後に使用者に報告しなければならないとしている事業場であるとします。厚生労働省のテレワークガイドラインによれば、休日の労働について労働者からの事前申告がなかったり事前に申告されたが許可を与えなかった場合、かつ、労働者から事後報告がなかった場合について、次のすべてに該当する場合には、労基法上の労働時間に該当しないものとされています。

①休日労働を、使用者から強制されたり義務付けられたりした事実がないこと

②在宅勤務者の当日の業務量が過大である場合や期限の設定が不適切である場合など、休日に労働せざるを得ないような使用者からの黙示の指揮命令があったと解し得る事情がないこと

③休日にその在宅勤務者からメールが送られていたり、休日に労働しなければ生み出し得ないような成果物が提出されたなど、休日労働を行ったことが客観的に推測できるような事実がなく、使用者が休日の労働を知り得なかったこと

設問からは詳細までわからないものの、明示・黙示の指揮命令や過大な業務量を課した事実などがない限り、休日に業務を行ったとしてもその時間は「労働時間」に当たらないと考えられることから、その分の賃金を支払う必要はありません。

06 1年単位の変形労働時間制において、期間中の労働日数の変更は可能か

1年単位の変形労働時間制を導入していますが、受注激減のため、労働日数を減らしてその分を特別休日にしたいと考えています。その際、労使双方の合意があれば、期間中であっても労働日数の変更は可能でしょうか。

対象期間途中での変更は認められない

労使の合意があっても変更できない

1年単位の変形労働時間制は、対象期間内の労働日やその労働日ごとの労働時間などを、労使協定で前もって定めておくことが要件とされています。したがって、使用者の都合によって任意に労働時間を変更するような業務は、そもそもこの制度の対象とはなりません。

たとえ労使合意があったとしても、期間中に労働時間などを変更することはできない、とする行政解釈もあります。

特別休日とするならば休業手当を

設問の「労働日数を減らしてその分を特別休日に」とする取り扱いの意味はともかく、これが、対象期間の途中で労働日数を変更することであるとすれば、そのような変更はできないことになります。

そこで、対象期間を1カ月以上の期間ごとに区分し、最初の対象期間以外の各期間については、労働日数および総労働時間のみを定めておく方法があります。

この場合は、各期間の初日の30日以上前に、労働組合もしくは過半数代表者の同意を得て、書面により、最初に定めた労働日数および総労働時間の範囲内で各期間における労働日および労働日ごとの労働時間を定めます。こうすれば、区分した最初の期間以外は、ある程度弾力的に決めることができるため、業務の繁閑が当初の見込みと異なったときにも対応できると考えられます。

なお、この場合の労働日数の減少は「使用者の責めに帰すべき事由による休業」と通常考えられますので、特別休日を設けることで労働契約の内容よりも労働日数を減らし賃金カットを行う場合は、休業手当（104ページ参照）の支払いが必要となります。

Q 07 企画業務型裁量労働制における労使委員会の委員に社外の人を採用できるか

企画業務型裁量労働制における労使委員会の委員を選出する際に、過半数労働組合または過半数代表者に指名されていさえすれば、その委員は、弁護士など社外の人でもかまわないのでしょうか。

可能だが、事業場の労働の実態などを十分に把握・理解している人を選出することが望まれる

労使委員会とは、賃金、労働時間その他の労働条件に関する事項を調査審議し、事業主に対して意見を述べる委員会であり、使用者およびその事業場の労働者を代表する者が構成員となるものです。

人数についての規定は特にありませんが、労働者代表委員は半数を占めていなければなりません。

使用者代表委員は、使用者側の指名によって選出されますが、労働者代表委員は、対象事業場の過半数労働組合（過半数労働組合がない事業場においては過半数代表者）から、任期を定めて指名を受けなければなりません。過半数労働組合が存在しない事業場においては、労使委員会の委員を指名する過半数代表者を36協定の過半数代表者等の選出方法と同様に、投票や挙手等の方法によって選出します。

しかし、委員がその事業場の所属労働者でなければならないなどの資格要件についてまで労基法は定めていないため、弁護士のほか、本社の従業員、出向社員などであっても、委員になれないことはありません。

ただし、この委員会は、その事業場の労働条件について調査・審議し、事業主に対して意見を述べることを目的とするものですから、その事業場の事情や労働の実態などを十分把握し、理解している人がこの委員にふさわしいと考えられます。したがって、その事業場に属する労働者から選出することが望ましいといえるでしょう。

08 副業・兼業をすすめる場合の留意点とは

いわゆる副業・兼業を“解禁”する企業が出てきている中、当社でも認めようかと考えていますが、会社として留意すべき点とは何でしょうか。

自社の事情や健康障害の防止等を踏まえ、認める範囲や手続きなどを労使で十分話し合って決めていくこと

これまで多くの企業では、副業・兼業を認めておらず、厚生労働省のモデル就業規則でも、「許可なく他の会社等の業務に従事しないこと」として制限する方向でしたが、今ではこの文言は削除され、「労働者は、勤務時間外において、他の会社等の業務に従事することができる」として、労働者が副業・兼業できることを明示しています。

企業にとっての副業・兼業のメリットとしては、①労働者が社内では得られない知識・スキルを獲得することができる、②労働者の自律性・自主性を促すことができる、③優秀な人材の獲得・流出の防止ができ、競争力が向上する、④労働者が社外から新たな知識・情報や人脈を入れることで、事業機会の拡大につながるなどが挙げられます。

一方、①必要な就業時間の把握・管理や健康管理への対応、②職務専念義務、秘密保持義務、競業避止義務をどう確保するかという懸念への対応については留意する必要があり、副業・兼業が自社での業務にどのような支障をもたらすのか精査することが求められます。

副業・兼業を認めるに当たっては、以下の事項について労使で十分に話し合って決めるとよいでしょう。

①どのような形態の副業・兼業を認めるか（業務内容、就業日、就業時間、就業時間帯、就業場所、就業期間、対象者の範囲など）
②副業・兼業を行う際の手続き（上司や人事担当者の事前の承認や事後の届け出の有無など）
③副業・兼業の状況を把握するための仕組み（上司や人事担当者への報告など）
④副業・兼業の内容を変更する場合の手続き

なお、副業・兼業者の長時間労働や不規則な労働による健康障害を防止する観点からも、働き過ぎにならないような措置を検討しておく必要があります。

09 振替休日および代休を半日ずつ分割付与することは可能か

当社では、社員が休日出勤する場合、原則として事前に振替休日を指定することになっていますが、振替休日を半日ずつ２回に分けて付与することは可能でしょうか。また、代休の場合も振替休日と同じ取り扱いとすることができるでしょうか。

振替休日の半日付与はできないが、代休の場合は可能である

振替休日は法定休日の確保が前提

ここでは、「休日」が法定休日であり、法定休日以外の休日が存在しないものと仮定します。

まず、振替休日の半日付与についてですが、振替休日はあくまでも法定休日を確保することが前提となります。一方で、労基法にいう休日は連続24時間の休業ではなく、午前０時から午後12時までの暦日による休業を指します。したがって、休日として振り替えられた日も、午前０時から午後12時までの休業が保障されていなければなりません。

設問のように振替休日としようとする日を半日ずつ２回に分けたのでは、暦日単位でないために法定休日を振り替えたことにならないことから、振替休日を半日ずつ２回に分けて付与することはできません。

代休には特段制限はない

休日の振替と異なり代休は、休日労働等の代償措置として、以後の特定の労働日の労働義務を免除するものです。したがって、現に行われた労働が代休を与えることによって休日労働等でなくなるものではない（割増賃金の支払いは必要。80ページ参照）ことから、２回に分けて付与することも可能です。

もっとも、労基法が週休の原則を定めていることから考えると、割増賃金を支払うとはいえ、休日労働を行わせることは可能な限り控えるべきでしょうし、代償として代休を与える場合であっても、分割付与することは望ましくないでしょう。

Q10 入社6カ月未満で年休更新日がくる人の出勤率算定は、どのように考えればよいか

入社して最初の年休の付与日を、全社的に７月１日に統一したいと考えています。４月１日入社の社員は７月１日に10日分を付与し、出勤率が８割に満たない場合は付与しないこととするとき、この出勤率の算定は、４月１日から更新日前日までの３カ月間で行えばよいのでしょうか。また、次年度以降の年休の付与日は、どのように設定すればよいのでしょうか。

最初の3カ月間は実績で、残り3カ月間は全期間出勤したものとみなして算定する

年休について法律どおり付与すると年休の基準日が複数となってしまうことから、すべての労働者につき原則一律の基準日を定めて年休を与える斉一的取り扱いをすることが認められています。

斉一的取り扱いには2要件ある

以下の二つに該当する場合は、斉一的取り扱いをすることも差し支えないものとされています。

①法定の基準日以前に付与する場合の年休の付与要件である８割出勤の算定は、短縮された期間は全期間出勤したものとみなすものであること

②次年度以降の年休の付与日についても、初年度の付与日を法定の基準日から繰り上げた期間と同じ、またはそれ以上の期間、法定の基準日より繰り上げること

したがって、このケースのような取り扱いについては、入社して最初の年休付与日である７月１日より前である４月１日から６月末日までの３カ月間の実績により出勤率の算定を行い、残り３カ月の短縮された期間（７月１日から９月30日までの間）は全期間出勤したものとして算定することで、入社最初の年休付与日を７月１日に統一することが可能となります。次年度以降の年休の付与日については、翌年の７月１日あるいはそれ以前に設定します。

なお、このケースで８月１日に入社した人の初回の年休付与日は、７月１日ではなく６カ月後の２月１日となります。その次年度分の年休付与日は、上記とそろえて７月１日あるいはそれ以前の設定とし、労働者の不利とならないものにします。

Q11 年休を入社時に10日付与し、1年6カ月後に11日付与することは、労基法上問題ないか

これまで入社時に10日の年休を付与し、以降、1年経過ごとに法定日数分の年休を付与するかたちをとっていましたが、今後は起算日を10月1日に統一したいと考えています。この場合、たとえば、今年の4月1日に入社した人はすでに10日付与しているため、半年後の10月1日の起算日には付与せず、翌年の10月1日（入社1年6カ月後）に11日を付与することで調整しても問題ないでしょうか。

A この場合であれば、今年の10月1日に次年度分の年休を付与すべき

労基法39条で定める年休の権利が発生するためには、6カ月以上の継続勤務が要件となっていますが、労働者の採用日が異なる場合には、年休の権利の発生日（基準日）が複数となるなどから、その斉一的取り扱いと同様に分割付与も認められています。

ただし、初年度の付与日を法定の基準日よりも繰り上げた期間と同じだけ、またはそれ以上の期間について、次年度以降も法定の基準日より繰り上げることが必要とされています。たとえば、斉一的取り扱いとして「4月1日に入社した人に対し、入社時点で10日、その1年後である翌年の4月1日に11日付与とする場合」、あるいは分割付与として「4月1日に入社した時点で5日、法定の基準日である6カ月後の10月1日に5日を付与し、次年度の基準日も初年度同様に6カ月繰り上げて4月1日に11日付与する場合」のように、次年度についても法定の基準日から繰り上げた期間と同じかそれ以上繰り上げることが、斉一的取り扱いをする場合には必要です。

設問の場合ですと、次年度分の年休は遅くても翌年の4月1日までに付与されていることが必要ですので、次年度分の年休を翌年10月1日に与えることは認められません。10月1日を基準日として統一するのであれば、今年の10月1日に、次年度分として新たに年休を与えるべきでしょう。

なお、労働者に対して法定の基準日より前倒しで10日以上の年休を与えた場合、使用者は、その日から1年以内に5日の年休を取得させなければなりません。

12 休業中の労働者からの年休申請に対し、年休を付与する必要はあるか

休日にスキーをしていた際に足を複雑骨折して入院し、3カ月間の休業を余儀なくされた労働者から、年休の申請がありました。私傷病によって休んでいる者に対して年休を与える必要はないと思うのですが、どうなのでしょうか。

このような労働者に対しても、年休は与えなければならない

①一定期間（雇い入れ日から6カ月、その後1年ごとの期間）における継続勤務と、②その各期間の全労働日に対して8割以上出勤しているという要件を満たしたときに、所定日数の年休を労働者は取得します。その労働者が年休を請求してきたのであれば、使用者は指定された時季に年休を与えなければなりません。

このことは、たとえ年休を請求してきた労働者が私傷病による欠勤などに充てるためのものであったとしても、年休を与えなければならないことに変わりありません。

ただし、会社側が気をまわして、労働者からの請求もないのに欠勤日を年休に振り替えるようなことは、労働者が自由に年休を利用する権利を侵害しかねませんので、その場合には本人に対して意思を確認する必要があります。

「休職者」の場合は年休を与える必要はない

それに対して、休職発令によって従来配属されていた所属を離れ、単に会社に籍があるだけの者については、どうでしょう。

そのような人は、そもそも会社に対する労働の義務が免除されていますので、労働義務がない日に対して年休を請求する余地がありません。

したがって、単なる「休業者」とは異なり、「休職者」の場合には年休の請求権を行使できないことから、使用者は、それに応じる必要はないことになります。

Q13 育児休業期間中の労働者から請求があった場合、年休は与えなければならないか

当社は、年休日と産前産後休業中の日については所定労働時間労働した場合に支払われる通常の賃金を支払っていますが、育児休業中については無給としています。このたび、育児休業期間中の労働者から、有給である年休の申請がありましたが、この労働者に対しても年休を与えなければならないのでしょうか。

A 育児休業中の申請であれば、労働者に対して年休を与える義務はない

申請日によって、年休の与え方に違いが出る

年休とは、労働の義務がある日に対して与えられるものであり、休職者のように会社に対する労働の義務が免除されている労働者には、年休を請求する余地がありません。

したがって、会社に対する労働の義務が免除されている育児休業中の労働者も同様に、育児休業を申し出た後となっては、育児休業期間中の日について年休を請求する余地はなく、使用者側も与える必要はありません。このことは、産前産後休業期間中の労働者にもいえることです。

そのかわり、育児休業の申し出をする前に育児休業期間中の日について時季指定がされていた場合には、その日においては年休を取得したものとして、所要の賃金を支払う義務が発生します。

このように、申請日が育児休業の前後であることによって、結論が変わってきます。

年休の算定に関する取り扱い

ところで、育児休業をした期間は、年休の算定基礎となる全労働日に含まれるのでしょうか。

かつては、全労働日には含まれないことになっていましたが、現在は育児休業期間についても出勤率の算定において出勤したものとみなされ、産前産後休業期間についても出勤したものとみなすことになっています（出産予定日より遅れた場合も同様です）。

14 事業再編で育児休業者の原職がなくなる場合、職場復帰はどうなるか

現在育児休業を取得している社員が数名います。当社では事業再編を進めている最中であり、これらの育児休業者が復帰するころには、育児休業取得者が復帰する「原職」がなくなっていることが予想されます。このような場合、職場復帰させるに当たってどのように扱ったらよいのでしょうか。

育児休業者と話し合うなどして、できる限り原職に近い職務に就けるようにする

育児休業をしてしまうと、その事業所や事業活動に支障を来すのではないか、前の職場に復帰できないのではないかといった不安を持つ人は少なくありません。このようなことを考えて育児・介護休業法では、事業主に対し、事業所での労働者の配置その他の雇用管理に関して、必要な措置を講ずるよう努力義務を課しています。

また、「育児休業及び介護休業後においては、原則として原職又は原職相当職に復帰させるよう配慮すること」とする厚生労働省の指針も出ています。

原職と総合的に比較して判断を

この指針でいう「原職相当職」の範囲は個々の状況によってさまざまですが、一般的には、職務内容、職務上の地位などについて原職と総合的に比較考慮して判断するものであり、①休業後の職制上の地位が休業前より下回っていないこと、②休業前と休業後とで職務内容が異なっていないこと、③休業前と休業後とで勤務する事業所が同一であることのいずれにも該当する場合には、「原職相当職」と評価されるものとされています。

ところで、設問のように、育児のため長い間仕事から離れているうちに、「原職」が事業再編などでなくなってしまい、不慣れな仕事や異なる職場環境に復職せざるを得なくなるような場合が生じます。このときには、事業主は、職場復帰を円滑にするため、職務能力の開発・向上の機会を与えるとともに、休業者と話し合うなどして休業前の職務内容や職務上の地位などを勘案しながら、できる限り原職に近い職務に就けるなど、休業者にとって不利益な取り扱いにならないようにすることが望ましいでしょう。

15 最低賃金額以上であるかをどのように確認すればよいか

最低賃金額が東京都などで1000円を超える中、当社の給与がこれをクリアしているかどうかは、どのようにして確認すればよいでしょうか。

月給制などでは対象賃金額を時間額に換算し、適用される最低賃金額と比較する

時間額に換算して確認する

最低賃金は、①時間給の場合にはその時間給が、②日給の場合には「日給÷１日の所定労働時間」が、③月給の場合には「月給÷１カ月平均所定労働時間」が、それぞれ最低賃金額（時間額）以上となっているかどうかを確認します。

また、④出来高払制その他の請負制によって定められた賃金の場合には、「出来高払制その他の請負制によって計算された賃金の総額を、当該賃金算定期間において出来高払制その他の請負制によって労働した総労働時間数で除した金額」が最低賃金額（時間額）以上であることが必要です。

なお、基本給が日給制で各種の手当が月給制などの場合には、それぞれ②③の考え方によって時間額に換算し、それを合計したものと最低賃金額（時間額）を比較します。

月給制の場合の確認例

基本給が月15万円で通勤手当が月5000円支給されている人について、時間外手当が３万5000円支給され、合計の支給額が19万円となった月を例にみてみます（年間所定労働日数は250日、１日の所定労働時間は８時間で、最低賃金は時間額870円とします）。

まず、支給された賃金から、最低賃金の対象とならない賃金である通勤手当と時間外手当を除外します。

190,000円－(5,000円＋35,000円)＝150,000円

この金額を時間額に換算し、最低賃金額と比較すると、

(150,000円×12カ月)÷(250日×８時間)＝900円>870円

となることから、最低賃金額以上であることがわかります。

16 家に持ち帰って仕事をした分の対価も支払わなければならないか

最近、新規プロジェクトなどの打ち合わせに社内での時間を多く取られることから、家に持ち帰って仕事をする者が出てきているようです。そのような折、家で仕事をした分も残業代として支払うべきだと主張する者がいるのですが、その必要はあるのでしょうか。

そもそも「労働時間」には当たらず、金銭を支払う義務もない

家でも処理できる仕事は持ち帰って片付けてしまいたい、あるいは、やむを得ず自宅に持ち帰って仕事をしなければ業務をこなせないなど、いわゆる「持ち帰り残業」にはさまざまな背景があるでしょう。しかし、こうして“働いた分の賃金”まで、はたして会社は支払わなければならないのでしょうか。

「使用者の指揮命令下に置かれている時間」

労働時間とは、「使用者の指揮命令下に置かれている時間」において労務に服する時間をいいます。

自宅に仕事を持ち帰った場合を考えてみると、そもそも使用者の指揮監督下に置かれている状況にはないですし、労働時間の把握ができるものでもないため、労働時間に当たると考えるのは困難です。出張の場合であればともかく、自宅での“労働”に対する賃金の取り決めは通常していないでしょうから、そうした規定がない以上、労働者が対価を請求する権利はなく、会社が支払う必要もありません。

しかしながら、本来、使用者は労働時間を把握すべきところを、仕事を家に持ち帰らざるを得ないような勤務実態に目をつむっていたりするのであれば、労働時間を適正に把握するなど労働時間を適切に管理する使用者の責務を怠っていることになります。また、情報管理の面からすれば、自宅への資料等の持ち帰りは避けるべきですし、健康の面においてもよいことではありません。

社員に対しては持ち帰り残業を禁止するとともに、会社としては業務量の調整や業務効率化などの方策を考える必要があるでしょう。

17 特定月に限り、賃金支払日を遅らせることはできるか

当社では、毎月15日に賃金を支給していますが、業務の都合上、2月と8月に限り、本来の支給日の2、3日後の支払いになってしまうことが予想されます。このような場合、事前に社員にその旨を伝えておけば問題ないでしょうか。

特定月であっても、賃金支払日を遅らせることはできない

同意があっても遅払いは不可

設問のように、事前に社員にその旨を伝えておけば、賃金の支払いを遅らせることができるかどうかについてですが、結論からいえば、労働者の同意があったとしても、あらかじめ定められた所定の賃金支払日である15日以外の日に賃金を支払うことはできません。

この点、判例においても、「たとえ各労働者が賃金の不払を承諾していたとしても、賃金の支払は労働条件の中でも重要な条件であって、使用者に対し労働者を保護するために特に賃金支払確保の目的から労働基準法第24条が設けられたのであるから、同条第1項但書及び第2項但書の場合の外所定の支払方法を変更することは許されないものと解するを相当」としています。

支払日そのものを変更する場合

では、2月と8月の入金が15日の2、3日後になることがあらかじめ予想されることに合わせて、毎月の賃金支払日を変更するのはどうでしょうか。

これについては、毎月払いの原則に反しない限り、事前に労基法90条の手続きに従って就業規則を変更すれば、支払日が変更されても違反とはなりません。

ただし、労働者と合意することなく就業規則を変更することにより、労働契約の内容である労働条件を労働者にとって不利益な内容に変更することはできないことから、所定の賃金支払日を変更しなければならない特段の事情があるのであれば、必要性などを十分に検討し、労働者にきちんと説明を行うことなどが必要となります。

Q18 月間の基準労働日数分は欠勤したが、1日だけ就労した社員の賃金はどう考えたらよいか

当社の９月の労働日は21日ですが、ある社員はこのうちの１日のみ働き、残る20日を欠勤しました。しかし、この社員の賃金が月額30万円、当社の月間基準労働日数が20日に対し、９月分の賃金は「30万円÷20日×20日」の減額、つまり理論上「30万円－30万円＝０円」ということになってしまいます。この場合の働いた１日分の賃金は、どのように考えるのが妥当でしょうか。

月給を月間基準労働日数もしくは当月の所定労働日数で除し、これに出勤日数を乗じた金額を支給する

日給月給制とノーワーク・ノーペイ

労働者の都合により欠勤、遅刻、早退などをした場合は、債務の本旨に沿った労働の提供がなされなかったのですから、その不就労部分についてはそもそも賃金債権が発生していないことになります。したがって、いわゆるノーワーク・ノーペイの原則により、その限度で賃金を支払わないことは、全額払いの原則に反するものではありません。

設問のように月間基準労働日数（20日）を基準として欠勤した部分について減額する賃金制度を、一般的に「日給月給制」とよんでいます。日給月給制は、月を単位として賃金を支払う点については一般の月給制と同様ですが、欠勤などにより労働をしなかった時間数または日数に応じて差し引きをし、その残額を賃金として支払う点で異なるものです。

したがって、賃金計算の便宜上、月間基準労働日数（または月間基準労働時間数）を定め、欠勤日数に応じて１日当たりの金額を差し引くことは、法律上問題ありません。

所定労働日数が月間基準労働日数を超える場合

このケースのように、月間基準労働日数（20日）を超える所定労働日数があるために、月間基準労働日数を欠勤しても出勤日数があるような場合、その賃金をどう計算すべきか疑問が生じるところです。しかし、この場合でも、１日あるいは１時間でも就労した

部分があれば、その労働に対して賃金を支払わなければならないことは当然です。

日割計算について

そこで、このような場合は、いわゆる日割計算をすることとなります。考え方としては、次の2通りの方法が考えられます。

一つは、「月給（30万円）を月間基準労働日数（20日）で除した金額を1日当たりの賃金として、それに出勤日数（1日）を乗じた金額を支払う」方法です。

この場合の賃金額は、1万5000円となります。

もう一つは、「月給（30万円）をその月の所定労働日数（21日）で除した金額を1日当たりの賃金として、それに出勤日数を乗じた金額を支払う」方法です。

この場合の賃金額は、1万4286円となります。

いずれの場合も、「その月の所定労働日数が月間基準労働日数（20日）を超える場合で、月間基準労働日数を欠勤したにもかかわらず、出勤日数がある場合にのみ適用する」のであれば、問題はありません。

所定労働日数が月間基準労働日数に満たない場合

これに対して、ある月の所定労働日数が月間基準労働日数に満たない場合（たとえば18日）に所定労働日数すべてを欠勤したときも、同じような問題が生じます。

本来であれば、全休しているために賃金額は0円となるところですが、月間基準労働日数（20日）を基に1日当たりの金額を算出して欠勤日数に応じて減額する方法でいくと、2日分が残ることとなります。もちろん、この場合に、2日分を支払っても問題はありません。

一方、月給をその月の所定労働日数で除した金額を1日当たりの賃金とし、それに欠勤日数を乗じた金額を減額する方法でいくと、賃金額は0円になります。

したがって、このような日給月給制については、就業規則などにおいて、「当該月の所定労働日数が月間基準労働日数より多い場合で、月間基準労働日数を欠勤しているが出勤日数がある場合」や「当該月の所定労働日数が月間基準労働日数より少ない場合で、所定労働日数すべてを欠勤している場合」に、どのような賃金の計算方法とするのかを定めておくことが必要です。

19 携帯電話を業務上使用するに当たり、支給する手当は賃金になるか

業務で携帯電話を使うために、①会社が機器を貸与して基本料金を支払うほかに、業務における通話料として貸与者全員に一律2000円を支給する方法、②個人所有の携帯電話を業務に使用させ、業務上の通話料として一律2000円を支給する方法、③会社が機器を貸与して基本料金、通話料ともに負担するが、労働者の個人使用が考えられるため、一律2000円の通話料を賃金から控除する方法、について検討していますが、問題があるでしょうか。

賃金になるかどうかは実際の給付内容を個別に判断する

通話料の支給は賃金に当たる

設問の①②ともに、通話料について就業規則に明記されているという前提で推察するに、基本料金の支払者が会社か個人かで異なるだけで、通話料を会社が一律2000円支給する点では同じです。したがって、就業規則の定めにより、使用者は一律2000円の支給義務を負っていると考えられ、任意的・恩恵的給付とは異なることとなります。

また、この通話料が、実際に業務上の通話を行ったか否かを問わず、一律2000円とする手当であることから、福利厚生施設や企業設備の一環には該当しないこととなります。

以上から、設問の①②の手当は、労基法11条にいう賃金に当たるものと考えられます。

賃金控除の書面協定が前提

③については、携帯電話の貸与が労働者の希望に応じて任意に行われるものであり、かつ、控除される代金が実費以下に限定されるものであるならば、賃金控除についての書面協定があることを条件に、その通話料を賃金から控除することは問題ないと考えられます。

しかし、実際に私的な通話を行ったか否かを問わず、一律2000円を賃金から控除するとのことですから、仮に賃金控除についての書面協定があっても、その通話料が2000円に満たない人から使用者が通話料を一方的に賃金から控除することは、労働者が支払う必要のない金銭を使用者に支払うこととなり、労基法上の全額払いの原則に反するおそれがあります。

Q20 給与の口座振込手数料は、労使のどちらが負担すべきか

給与の支払い方法を銀行口座への振り込みに変更したいと考えています。その場合、振り込みの手数料がかかりますが、これは一般的に労使のどちらが負担するものでしょうか。また、手数料を社員に負担させることが可能な場合、その分を給与から控除してもかまわないのでしょうか。

A 使用者が負担することが望ましい

賃金の口座振込をするには

賃金を口座振込にするには、労働者の同意を得るほかに、下記の措置などをとることが必要です。

①口座振込などは、書面による個々の労働者の申し出または同意により開始し、その書面には口座振込などを希望する賃金の範囲やその金額などを記載すること

②口座振込などを行う事業場の労働者の過半数で組織する労働組合（この労働組合がない場合は労働者の過半数代表者）と、対象となる労働者の範囲などを記載した書面による協定を締結すること

③使用者は、口座振込などの個々の対象労働者に対し、所定の賃金支払日に、金額などを記載した賃金の支払いに関する計算書を交付すること

④口座振込などがなされた賃金は、所定の賃金支払日の午前10時ごろまでに払い出しまたは払い戻しが可能となっていること

賃金から控除するには協定が必要

設問の口座振込手数料ですが、労使のいずれが負担すべきかについては、労働関係の法令や通達には特に定められていません。

しかし、賃金は労働の対償として労働者に支払われるものであって、本来、労働者がその全額を受け取るべきものです。

また、賃金の口座振込は、どちらかといえば使用者側の都合により行われることが多く、実際に使用者側が受ける恩恵（現金を取り扱う手間が省けるなど）も少なくないと考えられますので、使用者側が振込手数料を負担することが望ましいのではないかと思われます。

21 賃金支給形態別の割増賃金の計算方法は

月給、週給、日給、時間給などの賃金の支給形態別に割増賃金の計算方法が異なると聞きましたが、それぞれ１時間当たりの賃金単価を出して計算するのか、あるいは別の方法があるのかを教えてください。

１時間当たりの賃金単価を算出し、法定の割増率を乗じて計算する

割増賃金は、簡単にいえば、通常の賃金を通常の労働時間で除して１時間当たりの単価を出し、それに割増率を乗じれば計算できます。ここで「通常の労働時間」というのは、法定労働時間のことではない点に注意が必要です。たとえば、労働契約において、所定労働時間が１日７時間とされていれば、この７時間が通常の労働時間となります。

通常の労働時間の１時間当たりの金額は、それぞれ次の計算方法によって求められます。

①時間給

時間によって定められた賃金については、その金額が１時間当たりの単価となります。

②日給

日によって定められた賃金については、その金額を１日の所定労働時間数（変形労働時間制をとる場合や、平日の所定労働時間は８時間であるが土曜日は４時間である場合のように、日によって所定労働時間数が異なる場合は、１週間における１日平均所定労働時間数）で除した金額が、１時間当たりの単価となります。

③週給

週によって定められた賃金については、その金額を週における所定労働時間数（週によって所定労働時間数が異なる場合には、４週間における１週平均所定労働時間数）で除した金額が、１時間当たりの単価となります。

④月給

月によって定められた賃金については、その金額を月における所定労働時間数（月によって所定労働時間数が異なる場合には、１年間における１カ月平均所定労働時間数）で除した金額が、１時間当たりの単価となります。

たとえば、月給が25万円、所定労働時間が８時間、所定休日が117日である場合の１カ月平均所定労働時間数は、次のようになります。

（365日－117日）×８時間÷12カ月＝165時間（端数切り捨て）

つまり、１時間当たりの単価は、25万円÷165時間＝1515円15銭となります。

⑤出来高払給その他の請負給

出来高払制その他の請負制によって定められた賃金については、その賃金算定期間（賃金締切日がある場合には、賃金締切期間）において出来高払制その他の請負制によって計算された賃金の総額を、その賃金算定期間における総労働時間数で除した金額が１時間当たりの単価となります。

なお、出来高払制その他の請負制によって定められた賃金については、時間外・休日・深夜の労働に対する時間当たり賃金、すなわち1.0に該当する部分は、すでに基礎となった賃金総額の中に含められているため、割増賃金の算定に当たっては、1.25を乗じるのではなく、0.25を乗じて算出することになります。

⑥労働者の受ける賃金の算定方法が①～⑤の二つ以上の組み合わせとなる場合

この場合には、その部分についてそれぞれ前述した方法で算定した金額の合計額が１時間当たりの金額となります。

たとえば、基本給が月給、現場手当が日給で支払われている場合は、基本給を１カ月所定労働時間数で、現場手当を１日の所定労働時間数でそれぞれ割った額の合計額が、１時間当たりの金額となります。

⑦休日手当（休日労働について支払われる割増賃金ではなく、所定休日に労働すると否とにかかわらずその日について支払われる賃金）、**その他①～⑥に含まれない賃金**

月によって定められた賃金とみなし、④の方法によって算出します。たとえば、勤務を要しない時間に支払われる中休み手当は、この方法によります。

以上のように、賃金の支払い形態は異なっても、割増賃金を算定するに当たっては、１時間当たりの賃金単価を算出し、法定の割増率を乗じて計算する方法をとることになります。

Q 22

定額残業手当制度では、残業のない月と手当相当分を超える月の時間外手当を相殺できるか

これまで、実際の時間外労働が定額残業手当相当分に達しない場合には手当を削減しない一方、それを超えた月には上乗せして支払ってきました。しかしながら今後は、残業がない月と定額残業手当相当分を超過する月の時間外手当を相殺しようと考えていますが、可能でしょうか。

労基法24条に抵触するため、相殺することはできない

割増賃金も「全額払い」

時間外労働その他の労働時間は、計算期間ごとに計算して、割増賃金の支払い等をすることが原則です。しかし、この計算を簡素化する目的で、毎計算期間の割増賃金を一定の額に設定して支払うことがあります。

こうした方法は法令上禁止されているものではありませんが、割増賃金は全額支払われなければならないものですので、定額の割増賃金よりも法令上支払わなければならない額のほうが多くなった場合は、その差額を支払う必要があります。

割増賃金は労働の対償として支払われる「賃金」であり、全額支払う必要があるのはもちろん、毎月１回以上定期払いをする必要があります。よって、時間外労働がない月に定額の割増賃金を支給したことを理由として当月の割増賃金の全部または一部を支払わなければ、当月分の割増賃金は不払いとなり、労基法違反となります。

支払い項目ごとに区別管理する

一部の会社で、基本給や諸手当を一括し、すべて「込み」として賃金を支払うケースがみられますが、賃金はその支払い項目ごとに区別して管理されるべきものですので、支払額がすべて「込み」であったとしても、その内訳を定めておくことが必要です。

内訳がはっきりしない場合、「込み」としている賃金総額を割増賃金の算定基礎として割増賃金の支払いが必要となることもありますのでご注意ください。

Q23 自主的な残業についてまで時間外手当を支払う必要があるか

打ち合わせと称して夜遅くまで会社に残って仕事をしている者がいますが、そういう者に対してまで時間外労働に対する割増賃金を支払わなければならないのでしょうか。

A 使用者には労働者の労働時間を把握する義務があり、残業を黙認しているのであれば割増賃金を支払うべきものとされる

黙示の指示に当たるかどうか

上司からは特段指示したわけでもないのに残業をしていると思われる今回のケースですが、そもそも使用者には労働時間を適正に把握する責務があり、そのためには、労働者の労働日ごとの始業・終業時刻を確認し、記録しておかなければなりません。過重な長時間労働があれば業務量の調整を行うべきですし、設問のように無駄とも思われる残業をしているのであれば指導をし、早く帰すよう促すことが大切です。

もし、夜遅くの打ち合わせが必要あるものであり、その状況を上司が黙認しているのであれば、労働者に対して黙示の業務命令があったとして、その時間について時間外労働の割増賃金を支払う義務は否定できません。

労働時間の適正把握義務

ところで、使用者は、労働時間を適正に把握するために、原則として「使用者自ら直接確認すること」あるいは「タイムカードやICカードなどの客観的な記録を基礎として」始業・終業時刻を確認し、記録する必要があります。この方法ではなく、自己申告制により行わざるを得ない場合には、自己申告制により把握した労働時間が実際の労働時間と合致しているかを必要に応じて実態調査すること、自己申告できる時間外労働時間数の上限を設けるなどの措置を講じてはならないことなどが厚生労働省のガイドラインに示されています。

こうして労働者が何時間働いたかを把握・確定することは、無駄な残業をなくすほか、過重な長時間労働や割増賃金の未払い問題の解消にもつながります。労働者の自己申告にゆだねずに適切な労働時間管理をすることが、使用者・管理職に求められます。

管理監督者の深夜割増賃金は、どのように算定するのか

労基法41条の管理監督者でも、深夜の割増賃金の支払いが除外されないことは認識していますが、①割増賃金として、通常の労働時間1時間分の賃金に深夜割増分25%相当を加えた額（125%）を支払う必要があるのでしょうか、②管理監督者に対して、職責の重さに応じて役職手当を支給していますが、このように通常の賃金に上積み支給する手当があることを理由に、割増賃金を支払わないことは可能でしょうか。

①深夜割増は25%割増分の支給のみでよい ②職責に応じた手当であるならば、深夜割増賃金を支払わないとすることはできない

労基法41条においては、管理監督者に対して「労働時間、休憩及び休日に関する規定」は適用しないとしています。

しかし、労基法は労働時間に関する規制と深夜業に関する規制を区別して考えており、深夜業に関する規定は適用しないと同条で定められていないことから、深夜業に関する規定は管理監督者に対しても適用されることとなり、深夜労働に対する割増賃金の支払い義務は免れません。ちなみに、労基法41条各号に該当する人については、年休の規定の適用も除外されません。

それでは、実際に管理監督者が深夜業を行った場合の割増賃金の支払いはどうなるのでしょうか。

管理監督者といえども労働者

①について、結論からいうと、割増部分の25%相当分の支払いのみで労基法上は足ります。なぜなら、管理監督者の賃金には、深夜部分を含む「1.0」に相当する部分が含まれているはずなので、125%までの支払い義務は生じないということになります。

次に問題となるのは、労基法37条に定められている「通常の労働時間の賃金」がいくらであるかという点です。

管理監督者は労働時間に関する規定の適用を受けないことから、管理監督者には所定労働時間という概念が存在しないと誤解されがちですが、管理監督者といえども労働者であることには変わりありません。

労基法41条は52ページのとおり、労働時間、休憩および休日に関する規定の適用を除外するのみですから、就業規則の絶対的な必要記載事項である「始業及び終業の時刻」に当たる所定労働時間の定めは管理監督者にも必要となります。つまり、この所定労働時間が法定労働時間を超えていたとしても、時間外労働として取り扱わないということを労基法41条で定めているにすぎません。

管理監督者の所定労働時間の定め方について、法令上の定めはありません。しかし、あまりにも長い時間を所定労働時間とすることは公序良俗に反して無効となる可能性があるため、管理監督者の深夜業に対する割増賃金の計算基礎時間について、「当該職種の労働者について定められた所定労働時間を基礎とする」との通達が出されています。

職責に対する分か割増相当分か

②について、この役職手当は、課長や部長などの管理監督者に対し、その職責の大きさに応じて定額を支給しているもののようですが、そもそもこの手当は、割増賃金の算定基礎から除外できる賃金（100ページ）に該当しません。行政解釈でも、「責任の加重に従い勤務の実質的加重及び責任者の交際的支出あるを考慮し支給」する手当については割増賃金の基礎となる賃金に算入しなければならない、とされていることから、この役職手当を深夜割増賃金相当額とみなして実際に支払うべき割増賃金を支払わないとすることはできず、むしろこれらの手当を割増賃金の算定基礎に含めて深夜割増賃金を計算して支払わなければ労基法違反となります。

その一方、深夜割増賃金に関する行政解釈では、「労働協約、就業規則その他によって深夜業の割増賃金を含めて所定賃金が定められていることが明らかな場合には別に深夜業の割増賃金を支払う必要はない」とされているので注意が必要です。すなわち、役職手当を“職責に応じた手当”ではなく、就業規則などによって「深夜業の割増賃金に相当する手当として支給する」ことが明記されている場合は、この手当を法定の割増賃金にかわるものとして取り扱うことが可能となります。

ただしこの場合、実際に行われた深夜労働時間分について、法定の算定基準によって計算される深夜割増賃金の額が上記手当額を上回るときは、その差額を支払う必要があることはいうまでもありません。

Q25 死亡した社員に支払うべき賃金・賞与などは、だれに支払えばよいか

先日、社員が交通事故に遭い死亡しました。その社員に対する未払い賃金や賞与、退職金を支払おうと思いますが、当人は独身で子どもがなく、両親もすでにおらず、兄弟が２人いるだけです。この場合、①死亡した社員の銀行口座に賃金を振り込んでもよいのでしょうか。②定期賃金、賞与、退職金の支払い方はそれぞれ異なるのでしょうか。③銀行振込ができない場合に、ほかにどのような方法があるでしょうか。

正当な相続人に支払うのが適当

死亡した労働者の賃金も相続財産の一つ

賃金は、一般的に、労働者個人に帰属する債権であり、第三者に賃金債権を譲渡したり、本人にかわって受領したりすることはできない性質のものと考えられています。

しかしながら、設問のように、本来の債権者である労働者本人が死亡した場合、賃金も金銭債権の一種である以上、相続の対象になり、相続人が本人にかわって賃金債権の債権者となるものと考えられます。

労基法においては、労働者が死亡した場合に、賃金をだれに支払うかということについては定めがありませんが、賃金債権も相続財産になり得るという考え方からすると、労働者が死亡した場合の賃金の受取人については、まず、当事者間の契約がどうなっているかによって定められるべきものと考えられます。

実務上、退職金については、労働者が死亡した場合に支払うこととされている規定がある企業では、その退職金をだれに支払うかを就業規則などに明記している例が多いでしょう。

就業規則などに労働者が死亡した場合の賃金や賞与、退職金の支払い対象を明記していないような場合には、民法の相続の規定によって、支払うべき債権者が決まるものと考えられます。

定期賃金、賞与、退職金、それぞれ個別具体的に判断を

労基法では、定期賃金、賞与、退職金のいずれにおいても労働の対償と認

められる場合には賃金であり、所定の支払期日に労働者に対して直接その全額を支払わなければなりません。

したがって、就業規則などで定められた受給者（定められていない場合には、法定相続人）に対してその金額を支払うことになります。

しかし、たとえば、賞与については、支給要件によっては賃金債権が確定しておらず、使用者が賞与の支払い義務を負わない場合もありますので、各賃金の取り扱いについては、実際に事案が発生した場合に、個別具体的に判断すべきでしょう。

死亡した労働者について規定しておく

このケースでは、就業規則などに労働者が死亡した場合の支払先を定めていないようですが、すでに説明したように、賃金債権も相続財産の対象となると考えると、労働者が死亡しているのを知りながら、労働者の銀行口座へ賃金や退職金を振り込むというのはいかがなものでしょうか。

やはり、正当な相続人に支払うことが、適当ではないかと考えられます。このとき、正当な相続人であるかどうかの確認を行う義務は使用者にはありませんが、最低限の確認は必要でしょう。

支払い方法としては、いくつか考えられます。たとえば、相続人が複数いる場合には、相続人のだれかに相続人全員からの書面による委任をもって代表となってもらい、その代表者に退職金などを支払う方法や、民法の規定に従って、使用者が退職金などを分割して各相続人に支払う方法などがあるでしょう。

また、相続人がはっきりとしないケースや、なんらかの理由で相続人の間で争いが起きており、使用者がそれに巻き込まれたくないと考えているような場合には、賃金債権の帰属者がはっきりしないものと考えられることから、法務局へ退職金などを供託することにより、支払い義務を果たす方法もあります。

いずれにしても、労働者が死亡した場合にだれに賃金や退職金を支払うのかを就業規則などではっきりと定めておけば、相続人、使用者ともに支払いに当たって頭を悩ます必要はなくなります。

このような事態に備えて、就業規則などで、死亡労働者の賃金や退職金の支払先について定めておくほうがよいでしょう。

Q 26 直接的ではない台風等の被害で労働者を休業させる場合も「使用者の責に帰すべき事由」による休業に当たるか

台風等によって直接的な被害を受けたわけではない場合でも、取引先や道路が被害を受けて原材料の仕入れや製品の納入等が不可能となったことで労働者を休業させるときは、「使用者の責に帰すべき事由」による休業に当たるのでしょうか。

原則は「使用者の責に帰すべき事由」による休業に該当するとされるが、例外となる場合もあるため確認が必要

直接的な被害を受けた場合

台風等により、事業場の施設・設備が直接的な被害を受け、その結果、労働者を休業させる場合は、休業の原因が事業主の関与の範囲外のものであり、事業主が通常の経営者として最大の注意を尽くしてもなお避けることのできない事故に該当すると考えられることから、原則として「使用者の責に帰すべき事由」による休業には該当しないとされています。

直接的な被害を受けていない場合

一方、台風により、事業場の施設・設備が直接的な被害を受けていない場合には、原則として「使用者の責に帰すべき事由」による休業に該当するとされています。

ただし、令和2（2020）年7月豪雨における厚生労働省のQ&Aによれば、休業について、①その原因が事業の外部より発生した事故であること、②事業主が通常の経営者として最大の注意を尽くしてもなお避けることのできない事故であることの二つの要件を満たす場合には、例外的に「使用者の責に帰すべき事由」による休業には該当しないと考えられるとされています。

具体的には、取引先への依存の程度や輸送経路の状況、他の代替手段の可能性、災害発生からの期間、使用者としての休業回避のための具体的努力等を総合的に勘案し、判断する必要があるとされていることから、この場合には最寄りの労働基準監督署などに問い合わせをするとよいでしょう。

27 受注減でパートタイム労働者の勤務時間を短縮する場合、休業手当が必要か

商品の受注量が減ってきたため、パートタイム労働者の出勤調整をする必要が出てきました。受注が増えるまでの間、週５日勤務を週３日とする、または、１日７時間勤務を５時間30分として対処しようと考えていますが、短縮した分に対して休業手当を支払わなければならないでしょうか。

受注減による勤務時間短縮には休業手当が必要である

受注減は不可抗力か

休業手当の支払いをしなければならないのは、「使用者の責に帰すべき事由による休業の場合」とされています。要するに、企業の経営者として不可抗力を主張し得ないすべての場合をいい、たとえば、経営上の理由により休業する場合も含みます。

このケースでは、休業の原因が受注減ということですから、一般的には、不可抗力による休業とはいえず、休業手当の支払いが必要になります。

安易な変更は不利益変更に当たる

このような場合に、週３日勤務、または、１日５時間30分勤務を内容とする労働契約に改めることも考えられますが、本来の労働契約は有効に存続しているのですから、これを変更するためには、その労働者の同意が不可欠です。契約の変更に応じない場合には解雇するなどといって、むりやり契約の変更を迫ったりすると、この契約変更の合意は無効となるおそれがあります。

パートタイム労働者の労働条件が就業規則により定められている場合、その就業規則を変更して、所定労働日あるいは所定労働時間を減少ないし短縮することができれば、休業手当の支払いは不要となります。

ただし、設問のような内容への変更は、いわゆる「就業規則の不利益変更」に当たると考えられますから、変更することの必要性その他についてを、まずは検討してみなければなりません。

Q 28 管理職が、会社に諮らずに解雇を申し渡した場合でも、解雇予告手当の支払いは必要か

地方店舗で副店長を務める管理職と契約社員である売り場主任との間でいさかいが生じ、副店長が独断で「もう出社しなくてもよい」と伝えてしまいました。この言葉を受けて、売り場主任は翌日から出社しなくなり、1週間後に本社の人事部へ、「副店長から解雇通告を受けたので、実際に解雇となる日までの予告手当を支払ってほしい」と連絡してきました。

本社では、この連絡を受けてはじめて事情を把握しましたが、このような場合であっても、申し入れのとおり解雇予告手当を支払わなければいけないのでしょうか。

労基法10条で定める「使用者」にその管理職が該当するか否かによる

労基法にいう「使用者」とは

労基法20条1項前段においては、「使用者は、労働者を解雇しようとする場合においては、少くとも30日前にその予告をしなければならない。30日前に予告をしない使用者は、30日分以上の平均賃金を支払わなければならない」と定められています。

この「使用者」とは、事業主または事業の経営担当者その他その事業の労働者に関する事項について、事業主のために行為をするすべての人をいいます。

「事業主」とは、その事業の経営の主体をいい、会社その他の法人組織の場合には法人そのものを指します。

また、「事業の経営担当者」とは、事業経営一般について権限と責任を負う人をいい、具体的には法人の代表者や支配人を指します。

さらに、「その事業の労働者に関する事項について、事業主のために行為をするすべての者」とは、事業主のために、労働者の労働条件の決定や労務管理を行う人、あるいは業務命令の発出や具体的な指揮監督を行う人をいいます。

労基法10条の「使用者」は、具体的事実においてその実質的責任がだれにあるかによって決まるものであり、使用者という概念は相対的なものであると考えられます。したがって、労基

法９条にいう労働者であっても、同時にある事項について権限と責任をもっていれば、その事項については労基法10条の「使用者」となる場合があります。

「使用者」に当たるかどうかの判断

「使用者」に当たるかどうかの判断について、行政通達においては、「『使用者』とは本法各条の義務についての履行の責任者をいい、その認定は部長、課長等の形式にとらわれることなく各事業において本法各条の義務について実質的に一定の権限を与えられているか否かによるが、かかる権限なく単に上司の命令の伝達者にすぎぬ場合は使用者とみなされない」としたものがあり、これに従って判断するのが適切でしょう。

設問のケースにおいては、まず、副店長を務める管理職がその店舗の労働者を解雇する権限を有していたかが問題となります。つまり、単に上司の命令の伝達者にすぎないような場合には、この副店長は労基法10条の「使用者」には当たらず、同法20条の「使用者」にも当たらないことになるので、解雇予告手当を支払う必要はないと考えます。

なお、管理職などが「使用者」に当たるかどうかの判断については、上記のとおり法人内部の事務分掌など具体的な事情によるものであり、また、法人を代表する権限の有無に関しては民事的な問題を含むことから、このケースの帰結については割愛します。

休業手当の問題

この設問のような場合には、解雇予告の問題とは別に、休業手当の問題が生じることがあります。

労基法26条では、「使用者の責に帰すべき事由による休業の場合においては、使用者は、休業期間中当該労働者に、その平均賃金の100分の60以上の手当を支払わなければならない」と規定されています。しかし、この「使用者の責に帰すべき事由」とは、使用者の故意、過失または信義則上これと同視すべきものよりも広く、不可抗力によるものは含まれないものとされています。

設問のケースで考えると、副店長が行った“解雇”（この場合、この“解雇”の意思表示が民事法上有効であったかどうかは問わないものとします）の申し渡しを理由に労働者が休業した場合、この休業を不可抗力によるものとすることは一般的に困難であり、休業期間中、この労働者に休業手当を支払わなければならないものと考えられます。

Q29 解雇予告した社員が繰り上げ退職を申し出た場合も、解雇予告手当は必要か

ある社員を６月30日付をもって解雇すべく、その予告を５月29日に行いましたが、その社員から「新しい就職先を見つけたので、６月20日で辞めたい」という申し出がありました。この場合、予告期間中の勤務しない日数分の解雇予告手当は支払わなくてもよいのでしょうか。

勤務しない日数分の解雇予告手当は支払わなくてもよい

結論からいうと、このケースでは、勤務しない日数分の解雇予告手当を支払う義務はありません。

それでは、６月21日から６月30日までの間の取り扱いは、どうなるのでしょうか。

解雇予告期間中といっても、労働契約はそれまでと変わりなく存続しており、使用者は、労働者に就労することを求めることができる一方、労働者は、退職の意思表示や合意解約の申し入れを行うことが可能です。

労働者が退職の意思表示や合意解約の申し入れをして退職するのであれば、使用者の解雇予告（解雇の意思表示）はいわば無意味なものとなるため、使用者の解雇予告に対して、解雇日を繰り上げるなどの必要はないことになります。

行政解釈においても、「労働者が解雇予告期間中に他の使用者と雇用契約を結び、その契約に基く勤務をしようとして使用者に申し出たときは、一般には使用者は予告期間の満了するまでの期間勤務することが要求できるものと考えられる。ただし、（中略）、労働者の退職の意思表示によって使用者の解雇予告期間前に雇用関係が終了することもあるから、この場合にはそれまでの期間に限り使用者は労働者の勤務を要求できる」としたものがあります。

すなわち、解雇予告期間のうち勤務しない日については、解雇予告手当を支払う必要はありません。

Q30 長期無断欠勤者に郵送した解雇通知書が返送されてきた場合の通知の効力は

先日、長期無断欠勤をしている社員に対して、当社規定により解雇処分にすることを決定し、解雇通知書を社員に郵送したところ、本人名の入った封書で送り返されてきました。これは、本人が解雇通知書の受領を拒否したと考えられますが、こういうケースの解雇通知書は無効となるのでしょうか。

A 相手が知り得た状態ならば通知は有効 意思表示が相手方に到達した日から効力は発生

解雇通知とその意思表示の効力

解雇とは、労働契約を将来に向かって解約する使用者側の一方的な意思表示をいいます。

今回のケースのように、郵送などにより隔地者に対して意思表示を行う場合は、民法97条により、相手方に意思表示が到達したときから意思表示の効力が生ずることになりますので、解雇通知自体の効力はその社員が受領した時点で発生することになります。

ただし、労基法20条では、労働者を解雇する場合には少なくとも30日前に予告することを義務付けていますので、解雇通告の書面が相手方に到達した日から30日間は解雇予告の期間として、労働契約が継続していると考えるほうが無難です。

このように、意思表示の書面が到達したという事実とその到達の日は、法律上、重要な意味を持つので、解雇通告の内容をめぐって争いになるといった思わぬトラブルを避けるためにも、内容証明郵便などを利用して到達の事実と到達の日を客観的に明らかにしておくことが大切でしょう。

返送されてきた場合の考え方

このケースの場合、相手方の労働者が解雇予告の通知書を返送してきたということは、この通知書は相手方に到達しているので、到達の時点で解雇の予告の効力が発生します。そして、解雇予告期間の満了をもって、その労働者との労働契約が終了することになります。

たとえ、後になって解雇予告通知の書面が返送されてきたとしても、そのことだけをもって労基法20条の解雇の予告や解雇そのものが無効になることはありません。

Q31 退職承認後に不正が発覚した社員の退職届の受理を取り消し、懲戒解雇に変更することは可能か

ある管理職の退職申し出を受理しましたが、その後、その管理職が社員を殴り大けがをさせていたことが判明しました。これは、当社の就業規則上では懲戒解雇事由に当たるため、先の退職の申し出の受理を取り消して懲戒解雇とし、退職金を没収したいのですが法的に問題ありませんか。

労働契約は終了しており、解雇は成立しない ただし、退職金の返還請求はできる

退職者は解雇できない

解雇とは、労働契約を将来に向かって解約する、使用者の一方的意思表示をいいます。労働契約を解約するためには、その時点で労働契約が存在していることが前提ですから、合意解約や任意退職によりすでに労働契約が終了しているのであれば、使用者が解雇の意思表示を行う時点においては労働契約が存在しないので、解雇は成り立ち得ないことになります。

この点について、退職届の提出後に懲戒解雇の通告を受けた労働者が、その解雇は解雇の理由を欠いており手続きに違法があるとして無効の確認を求めた裁判があります。そこでの判断は、「原告（労働者）は、自らが提出した退職届により、遅くとも（中略）２月28日をもって被告を退職したことを前提としているのであるから、現時点において、原告と被告との間に、原告が被告の職員たる地位を有するか否かをめぐる争いがあるわけではない。（中略）よって、本件解雇の無効確認を求める訴えは、却下を免れないというべきである」と示しています。

なお、合意解約の場合においては、使用者の承諾の意思表示が錯誤（民法95条）のため無効となるのではないかという問題があり得ますが、労基法の解釈とは関係がありませんし、後に述べるように懲戒解雇を行うことができるかの問題と退職金の問題は一応切り離して考えることができるので、ここでは触れません。

退職金と解雇は切り離して考える

労働者が業務命令に違反した場合などに、退職金規程にある退職金不支給条項に基づいて退職金を支給しないとする取り扱いがなされることがあります。

このような取り扱いについて、同業他社への就職のときには自己都合退職の２分の１の乗率で退職金を計算するという就業規則および退職金規程に基づき、会社がすでに支払われていた退職金の返還を求めたケースがあります。そこで最高裁判所は、「支給額を一般の自己都合退職による退職の場合の半額と定めることも、本件退職金が功労報償的な性格を併せ有することにかんがみれば、合理性のない措置であるとすることはできない。すなわち、この場合の退職金の定めは、制限違反の就職をしたことにより勤務中の功労に対する評価が減殺されて、退職金の権利そのものが一般の自己都合による退職の場合の半額の限度においてしか発生しないこととする趣旨であると解すべきである」として、その請求を認めています。

ところで、この判例においても「退職金の権利そのものが一般の自己都合による退職の場合の半額の限度においてしか発生しない」とされているように、このような取り扱いは退職金規程に基づき退職金がどれだけ発生するのかという問題であって、懲戒解雇と退職金不支給や減額の決定は同時に行われることが多いといえども、退職金の不支給や減額が懲戒として行われるものではありません。この点については、「退職手当について不支給事由又は減額事由を設ける場合には、これは退職手当の決定及び計算の方法に関する事項に該当するので、就業規則に記載する必要があること」とする行政通達があります。

これを設問の趣旨に即していえば、会社は、いったん確定した退職金を懲戒の手段として「没収」するのではなく、退職金規程によればもともと支払われるはずではないのに支払われた退職金額の返還請求を行うということになります（民法703条）。懲戒解雇を行うことができるかの問題と退職金の問題は一応切り離して考えることができるというのは、こういう意味です。

実際の対応について

このように、懲戒解雇を行ったかどうかにかかわらず、退職金規程に不支給事由や減額事由が記載されている場合は、これに基づき退職金の返還請求を行うことが一応は可能です。

しかしながら、不支給とするほど事由が重いものか、それとも減額にとどめるべきものかについての選択やその妥当性が問題となることがあり、これを恣意的に適用したりすることは権利の濫用として許されないものと考えられます。

実際の対応に当たっては、これらの点を考慮のうえ、慎重に検討する必要があるでしょう。

32 移籍含みの出向契約を結ぶ場合の留意点とは

部門の一部を廃止し、その部門の社員は同業他社に出向してもらう予定です。基本的には移籍ですが、時限的には在籍出向の形態をとることも考えています。この場合の社員との出向契約は、どのような点に注意して行えばよいのでしょうか。

転籍先、転籍時期を特定するとともに、個別に同意書を作成しておくのが望ましい

「基本的には移籍で、時限的には在籍出向の形態をとる」という場合ですが、在籍出向については、就業規則などの根拠規程があれば命ずることができるものの、その後の移籍は転籍であって、これを会社が一方的に命ずることはできず、社員の同意が必要です。

そこで、まずは出向してもらい、転籍するときにあらためて同意を得るか(同意がなければ転籍させられないので、同意のない場合は、出向を続けるか、出向元に戻すことになります)、一定期間経過後に移籍することを前提に、将来の転籍についての同意を出向時に得ておくか、ということになります。

転籍の同意は個別にとるべき

転籍についての社員の同意は、必ずしも、転籍するとき（転籍の直前）の個別の同意である必要はなく、事前に包括的な同意を得ておくことで足りるとする裁判例もあることから、転籍の同意を事前に得ておくことも可能ということにはなります。

しかし、転籍は転籍元との雇用契約の終了という重大な結果を生じさせるものなので、事前の包括的同意による転籍が認められるのは例外的なケースであり、やはり同意は個別に得ておくべきでしょう。

移籍含みの出向に当たり、将来の転籍について社員から同意を得る場合には、転籍先や転籍時期を特定する必要があります。このとき、同意があった事実がわかるように「転籍についての同意書」をもらっておくことも考えられます。

Q33 出向社員のセクハラ行為に対して、出向元会社は責任をとらなければならないか

当社から関係会社へ出向している社員が、出向先の女性社員にセクハラ行為をはたらいたとして、その女性社員から訴えがありました。出向社員のみならず、出向元の当社に対しても慰謝料請求の裁判を起こす意思があるとのことですが、出向元会社は責任をとらなければならないのでしょうか。

出向の際の合意内容により、一部責任を負う場合がある

セクシュアルハラスメント(セクハラ)防止のために事業主が雇用管理上配慮すべきことを、均等法では定めています。この指針では、具体的に事業主が雇用管理において講ずべき事項として、①事業主の方針の明確化およびその周知・啓発、②相談・苦情に応じ、適切に対応するための必要な体制の整備、③職場でハラスメントが生じた場合における事後の迅速かつ適切な対応などを掲げています。

これらについても、基本的には出向労働者と労務提供関係がある出向先企業が事業主としての責任を負うこととなりますが､出向の際の合意内容によっては、出向元企業も一部責任を負うことが考えられます。

出向元が責任を問われる場合

設問のケースに当てはめて考えますと、出向先企業との取り決めにおいて相応の労務管理の権限を出向元企業に残していたような場合（たとえば、セクハラ防止の相談窓口の設置などについては出向先が、セクハラが実際に起きた場合の対応については出向先と出向元とが共同で行うこととした場合など）に、その割り振りに従った労務管理上の配慮をなんら行っていなかったようなときには、債務不履行などによる損害賠償責任が認められる場合もあるでしょう。

また、割り振りを行っていなかったとしても、就業規則や労働契約などの規定のうち労務提供に関係しない部分は出向元に適用されます。たとえば、出向した労働者のセクハラ行為を知っていたにもかかわらず、なんらの措置も講じなかった場合には、使用者としての不法行為責任が出向元にも問われることが考えられます。

34 派遣契約を契約途中で打ち切りたい場合の注意点とは

新規事業の準備室に派遣労働者を受け入れていましたが、会社の業績不振から業務縮小を行うことになり、新規事業も準備途中で立ち消えとなってしまいました。そこで、受け入れていた派遣労働者との契約を解除したいのですが、その際、どのような点に注意する必要がありますか。

あらかじめ相当の猶予期間をもって派遣会社に解除の申し入れを行うなどの措置が求められる

派遣労働者と雇用関係にあるのは、派遣元事業主である派遣会社です。しかしながら、労働者派遣契約が中途で解除されることにより派遣労働者の生活にも多大な影響が及ぶ場合があることから、派遣先に対しても、派遣労働者の雇用の安定を図るために講ずべき措置に関する指針が厚生労働省から出ています。

やむを得ず派遣契約を中途解除しなければならない場合、派遣先は、次のような措置を講ずることが求められています。

まず、派遣会社の合意を得ることはもとより、あらかじめ相当の猶予期間をもって派遣会社に解除の申し入れを行うことが、派遣先には必要です。

そのほか、派遣先である自社の関連会社での就業をあっせんするなどにより、派遣労働者の新たな就業機会の確保を図ることも派遣先には必要とされています。また、派遣会社から請求があったときは、中途解除を行った理由を派遣会社に対して明らかにします。

派遣労働者の新たな就業機会の確保を図ることができないときには、少なくとも中途解除によって派遣会社に生じた損害の賠償（たとえば、派遣会社が派遣労働者を休業させる場合には、休業手当に相当する額以上の賠償を、派遣会社がやむを得ず派遣労働者を解雇する場合に解雇予告ができなかったときは、30日以上の賃金相当額を賠償するなど）を行うことが必要です。

以上のとおり、中途解除に当たっては派遣先に対しても講ずべき措置が求められていることを、理解しておきましょう。

35 パートタイム労働者を雇い入れる際、どこまで労働条件を示す必要があるのか

パートタイム労働者を雇い入れる際に、勤務時間と時給額を口頭で伝えたところ、一度説明されただけではよくわからないから、労働条件について文書で示してほしいといわれました。この場合、どこまで示す必要があるでしょうか。

A 「昇給の有無」「退職手当の有無」「賞与の有無」「相談窓口」の文書交付は必須

労働条件を文書などで明示しておく

そもそも労基法では、労働者を雇い入れる際に労働条件を明示することが会社に義務付けられており、これはパートタイム労働者についても例外ではありません。これに加えてパートタイム労働者に対しては、雇い入れの際（はじめて雇い入れたときだけでなく、契約の更新時も含みます）に「昇給の有無」「退職手当の有無」「賞与の有無」「相談窓口」を文書の交付などによって速やかに明示することが義務付けられています。この四つの事項については、パートタイム労働者が希望した場合に電子メールやFAXによることも可能です。

たとえばこのとき、勤務成績や事業所の業績などによって昇給や賞与の支給があり、支給要件を満たさない場合には支給されない可能性があるときは、「制度あり」としたうえで「業績によって支給しない場合がある」のように、支給されない可能性も明記しておきます。

なお、上記四つの事項の明示義務に反する場合、行政指導によっても改善がみられなければ、パートタイム労働者１人につき契約ごとに10万円以下の過料の対象となります。

雇い入れ後も、説明義務がある

雇い入れ時における労働条件の明示のみならず、雇い入れ後においても、パートタイム労働者から求められたときには、その待遇を決定するのに考慮した事項を説明する義務があります。

このとき、パートタイム労働者が納得するまで説明することは求められていませんが、「パートタイム労働者だからこの時給額」という説明だけでは足りないとされていることからしても、パートタイム労働者の待遇については、業務内容や責任の程度などを通常の労働者と比較しながら、働き方に応じたバランスの取れた設定をする必要があるでしょう。

36 同一労働同一賃金への対応に向けて、会社に求められることは何か

いわゆる「同一労働同一賃金」への対応に向けて、会社に求められていることは何でしょうか。また、自社の状況が法の内容に沿ったものかをあらかじめ把握するには、何を確認すればよいでしょうか。

正社員とパートタイム・有期雇用労働者の間の不合理な待遇差の解消が求められている

会社に求められること

同一労働同一賃金への対応に向けて、同じ企業で働く正社員とパートタイム・有期雇用労働者との間で、基本給や賞与、手当などあらゆる待遇について、不合理な差を設けることが禁止されています。したがって、会社としては、正社員とパートタイム・有期雇用労働者の働き方の違いに応じて、均衡な待遇（均等な待遇）の確保を図るための措置を講じなければなりません。

均衡な待遇（不合理な待遇差の禁止）では、①職務内容（業務の内容および責任の程度）、②職務内容・配置の変更の範囲、③その他の事情の違いに応じた範囲内で、待遇を決定する必要があります。均等な待遇（差別的取り扱いの禁止）では、①職務内容（業務の内容および責任の程度）、②職務内容・配置の変更の範囲が同じ場合、待遇について同じ取り扱いをする必要があります。

また、事業主は、パートタイム・有期雇用労働者から、正社員との待遇の違いやその理由などについて説明を求められた場合は、説明をしなければなりません。

単に「パートだから」「将来の役割期待が異なるため」という主観的・抽象的理由では、待遇の違いについての説明にはならないことから、待遇に違いがある場合は、その違いが働き方や役割の違いに応じたものであると説明できることを要します。

待遇差が不合理なものか否かの原則となる考え方

「同一労働同一賃金ガイドライン」によれば、基本給の場合、労働者の①能力・経験、②業績・成果、③勤続年数に応じて支給する場合は、①②③が同一であれば同一の支給をし、違いがあれば違いに応じた支給をします。

また、賞与であって、会社の業績等

への労働者の貢献に応じて支給するものについては、同一の貢献には同一の、違いがあれば違いに応じた支給を行わなければなりません。

通勤手当については、パートタイム・有期雇用労働者にも正社員と同一の支給をする必要があります。

福利厚生については、正社員と同一の事業所で働くパートタイム・有期雇用労働者には、正社員と同一の①給食施設、②休憩室、③更衣室の利用を認めなければなりません。

上記以外の待遇についても、不合理な待遇差の解消が求められていることから、それぞれの事情に応じて、労使で十分な話し合いをしていくことが必要です。

社内制度を点検する

自社の状況が法の内容に沿ったものかをあらかじめ把握するツールとして、厚生労働省が公表している「パートタイム・有期雇用労働法対応のための取組手順書」が有用であることから、これに掲げてある取り組み手順の一部を、以下紹介します。

①労働者の雇用形態を確認する

社内で、パートタイム・有期雇用労働者を雇用しているかどうか、法の対象となる労働者の有無をチェックする。

②待遇の状況を確認する

パートタイム・有期雇用労働者の区分ごとに、賃金（賞与・手当を含む）や福利厚生などの待遇について、正社員と取り扱いの違いがあるかどうかを確認する。

③待遇に違いがある場合、違いを設けている理由を確認する

待遇の違いは、働き方や役割などの違いに見合った、「不合理ではない」ものといえるかを確認する。なぜ、待遇の違いを設けているのか、それぞれの待遇ごとにあらためて考え方を整理してみる。

④上記②と③で待遇に違いがあった場合、その違いが「不合理ではない」ことを説明できるように整理しておく

パートタイム・有期雇用労働者の社員タイプごとに、正社員との待遇に違いがある場合、その違いが「不合理ではない」と説明できるよう整理する。

説明ができない場合は、待遇の違いが不合理であると判断される可能性があるため、不合理な待遇の違いの改善に向けた取り組みを進める。

37 1カ月先に定期健康診断を行うのであれば、雇い入れ時は省略してもよいか

当社では、例年9月に定期健康診断を実施しています。現在は、8月に入社した社員には、同月に雇い入れ時の健康診断を行ったうえ、9月に定期健康診断を受診させていますが、この場合、雇い入れ時の健康診断は省略し、ほかの社員と一緒に9月に定期健康診断を受診させても、問題ないでしょうか。

雇い入れ時の健康診断は省略できないが、受診後1年以内であれば定期健康診断は雇い入れ時の実施で代用できる

事業者は、常時使用する労働者を雇い入れるときには、その労働者に対して一定の健康診断を実施するよう義務付けられているとともに、常時使用する労働者に対し、1年以内ごとに1回の定期健康診断を実施することとされています。

雇い入れ時の健康診断については、その労働者から過去3カ月以内に受診した健康診断の結果を証明する書面の提出があれば、法定の定期健康診断項目に相当するものは例外として省略できますが、それ以外は省略できません。

一方、定期健康診断については、雇い入れ時の健康診断を実施した日から1年間に限り省略することができるとされています。

したがって、このケースについては、9月に定期健康診断を実施することを理由に8月の雇い入れ時の健康診断を省略することはできませんが、雇い入れ時の健康診断を確実に実施することにより、1カ月後の定期健康診断を省略することは可能です。

雇い入れ時の健康診断は確実に

雇い入れ時の健康診断は、雇い入れた労働者の適正配置や入社後の健康管理の基礎資料として必要とされるもので、業務内容のいかんを問わず雇い入れたすべての労働者に実施することが義務付けられているものです。

定期健康診断で代用することで雇い入れ時の健康診断を怠ったことから結核の集団感染を起こした事業場の例もありますので、法令に従って、確実に実施してください。

38 業務外で起こした自動車事故でも、労働局の求償に応じる必要があるか

社員が休憩中に会社のトラックを社外で運転したところ他社の労働者との間で人身事故を起こしてしまい、労働局から、負傷した被災労働者に支給した保険給付額を当社に求償する旨の通知がきました。しかし、社員の仕事中の事故ではないことから、当社が使用者責任を問われる筋合いはないと思いますが、いかがでしょうか。

運転の目的を問わず、使用者責任が問われる

自動車事故と使用者責任

自動車事故で第三者に損害を与えた場合、その損害賠償の責任を負わなければならないのは、実際に社有車を運転して事故を起こした本人です。しかし、事故を起こした本人に資力がなく、賠償能力のあまりない場合には、被災労働者は十分な補償を受けられないことになります。そこで法律では、被災労働者を救済するために、交通事故を起こした本人と一定の関係がある人、つまり事業のために他人を使用する人や使用者にかわって事業を監督する人にも賠償責任を負わせています。

このように使用者責任が問われるには、①ある事業のため他人を使用すること、②被用者がその事業の執行に際して第三者に損害を与えたこと、③被用者の行為が一般に不法行為であること、が必要とされています。

他方、被災労働者が加害者の使用者に責任を問うには、これらについて証明しなければなりません。たとえこれらを備える場合であっても、使用者が被用者の選任・監督について相当の注意を払ったとき、または相当の注意を払っても事故が発生し、損害を防ぐことができなかったであろうと証明されたときには、使用者は責任を負わなくてもよいとされています。

使用者責任は広く認められる傾向

しかしながら、判例においても社有車事故をめぐる使用者の責任を広く認める傾向にあることから、この場合も、おそらく使用者責任があるとして、労働局からの求償を免れることはできないでしょう。

39 どのような事項が団体交渉の対象となるのか

労組法には、団体交渉の対象となる具体的な事項について、特段の規定はありません。一般に団体交渉の応諾義務が生じるのは、どのような事項に対してでしょうか。

労働条件など、労働関係に影響があるかどうかで判断する

団体交渉の対象となる事項

具体的にどのような事項が団体交渉の対象になるのかは、明確な規定はありません。一般的には、労働条件その他労使関係に直接関係する事項が団体交渉の対象となります。

いわゆる純粋な経営権に属する事項は、団体交渉の対象とはなりません。しかし、その決定いかんでは労働条件や労働関係に影響を及ぼすこともあり得るような事項については、団体交渉の対象となります。

たとえば、列車のダイヤ編成は、それ自体としては経営権の問題です。しかし、これに必然的に伴う乗務員の勤務時間の変更の問題は、団体交渉の対象となります。さらに、一部業務を下請けに出すことも経営権に属する事項ですが、これに伴って生じる従業員の処遇の問題は、団体交渉の対象となります。

したがって、このような問題を労組が団体交渉の場で取り上げた場合、使用者は、経営権を理由に団体交渉を拒否することはできないでしょう。

個人の人事と団体交渉

また、個人の具体的な人事が団体交渉の対象になるかという問題については、その人事を決定する最終的権利は使用者にあるため、団体交渉の対象となるのは、人事の統一的基準に関してのみと考えられます。

以上のとおり、何が団体交渉を適法に拒み得る「正当な理由」に当たるか否かは、そのときの具体的事情に即して判断されます。会社の経営方針や組織変更に関する事項だからといって、団体交渉をすべて拒否できるわけではなく、あくまでも、その事項の決定が労働条件や労働関係に影響を及ぼすか否かを検討して判断する必要があります。

40 労働基準監督署による臨検にはどのように対応すべきか

税務署による法人税等の調査は受けたことがあるのですが、労働基準監督署による調査を、まだ受けたことがありません。労働基準監督官による立ち入り検査に対しては、どのような態度で臨めばよいでしょうか。

調査・臨検の意義や目的を知り、従業員の安全衛生や事故防止を含む労務の棚卸しをするつもりで臨むべきである

労働基準監督署には、単に調査・臨検を行うことで法令上の不具合を指摘するだけでなく、最終的に使用者等の逮捕や送検といった権限があることを、事業主は十分に理解しなければなりません。

労働基準監督署による監督制度は、労働法令違反となる行為または違反状態によって、その事業所で働く労働者に被害を及ぼす前に、それを是正し、使用者に労働法令を遵守させることを目的に定められた制度です。そのため、労働基準監督官は、事業場や寄宿舎その他の附属建設物に臨検（立ち入り検査）し、帳簿および書類の提出を求め、または使用者もしくは労働者に対して尋問を行うことができます。

一般に臨検が行われるのは、重大な労働災害(死亡事故等)が発生したとき、労働者から違法等の申告があったとき、労働基準監督官がその事業所の違反事項を発見したときなどです。

事業所調査や臨検の対象としては、労働時間管理や残業代未払い等の確認、就業規則の内容と届け出の確認、従業員雇い入れ時の労働条件明示義務の履行の確認、安全衛生管理状況の確認、抜き打ち検査（夜間等）による過重労働の有無等の確認などが代表的なものです。

長時間労働の抑制や過重労働による健康障害防止など、労働基準関係法令に基づく労働条件の確保はもちろんのこと、働き方改革が叫ばれる中で、労働条件の確保・改善に向けた総合的な施策を推進することが今、会社に求められています。単なる労働法令遵守（コンプライアンス）で済ますのではなく、今後の自社の労働者の安全衛生や事故防止をはじめさまざまな観点をもって臨むことが重要です。

カバー・本文デザイン・DTP：株式会社キャデック

印刷・製本：三美印刷株式会社

第 4 版
初任者・職場管理者のための労働基準法の本

2006 年 3 月 1 日　初版発行
2021 年 2 月 28 日　第 4 版発行

編　者　労務行政研究所
発行所　株式会社 **労務行政**
〒 141-0031 東京都品川区西五反田 3-6-21
住友不動産西五反田ビル 3 階
TEL：03-3491-1231
FAX：03-3491-1299
https://www.rosei.jp/

ISBN978-4-8452-1382-5
定価はカバーに表示してあります。

訂正が出ました場合、下記 URL でお知らせします。
https://www.rosei.jp/static.php?p=teisei